U0455286

亲密关系是一扇门，
链接着过去的创伤，
也通向未来的幸福。

你到底在找
怎样的另一半：

亲密关系心理学

施琪嘉 —————— 著

广东旅游出版社
GUANGDONG TRAVEL & TOURISM PRESS
悦读书·悦旅行·悦享人生

中国·广州

图书在版编目（CIP）数据

你到底在找怎样的另一半：亲密关系心理学 / 施琪嘉
著. — 广州：广东旅游出版社，2022.10
ISBN 978-7-5570-2868-8

Ⅰ．①你… Ⅱ．①施… Ⅲ．①恋爱心理学—通俗读物
Ⅳ．①C913.1-49

中国版本图书馆CIP数据核字（2022）第164108号

出 版 人：刘志松
策划编辑：蔡　璇
联合策划：何　洁
特约编辑：马学尧
责任编辑：贾小娇
装帧设计：艾颖琛
责任校对：李瑞苑
责任技编：冼志良

你到底在找怎样的另一半：亲密关系心理学
NI DAODI ZAIZHAO ZENYANG DE LINGYIBAN:QINMIGUANXI XINLIXUE

广东旅游出版社出版发行

（广州市荔湾区沙面北街 71 号首、二层）
邮编：510130
电话：020-87347732（总编室）　020-87348887（销售热线）
投稿邮箱：2026542779@qq.com
印刷：佛山家联印刷有限公司
地址：佛山市南海区桂城街道三山新城科能路 10 号自编 4 号楼三层之一
开本：889 毫米 × 1260 毫米 32 开
字数：200 千字
印张：8.375
版次：2022 年 10 月第 1 版
印次：2022 年 10 月第 1 次印刷
定价：65.00 元

［ 版权所有　侵权必究 ］
本书如有错页倒装等质量问题，请直接与印刷厂联系换书。

序一

关系中的伤害和修复

接到琪嘉微信发来为他一本书写序的邀请，浏览了书名和章节目录名后，那一瞬间我理所当然地觉得这是一本他主持翻译的进口专著译作，因为在我印象中他一贯的风格是总能站在国际心身医学和心理治疗的前沿高端引进不少好书或好的文章，除了精神分析的主题，还有如创伤心理学，家庭治疗，荣格学派，进食障碍和心身医学，跨文化视野等。而这本书如此丰富细腻的各种亲密关系主题，像是国外女性学者的风格。当我问他这书作者是谁时，他回复说："作者当然是我呀。是我一个系列课程的文字记录整理而成。"我一愣，马上又感到，在琪嘉身上，一切皆有可能！看完全书，我颇有感触，对亲密关系的理解，真是可以覆盖心理咨询领域或者说人性的全部。我不禁会生出一个疑问，如此众多复杂、看似各不相关的亲密关系议题，如何通过一本书展现出来？如何做到有专业视角作为背景支撑建构并串起这样一个个生动鲜明切身的议题，又要有可读性甚至每个读者可以对号入座指导实践，确实是非常考验作者专业功力和语言表达能力的。

就我个人理解来看，我们每个人的爱恨情仇，特别是痛苦的情感体验，肯定是由亲密关系带来的。只有对重要的人，我们才会在亲密相处中生发出各种强烈的期待，有些期待是我们自己都未觉察的，但往往得不到对方及时的回应，在那种情形下，伤害已然发生了，但为了保护自己受伤害的感觉，也可能选择各种破坏性的方式报复伤害对方……明明双方都是渴望爱的，却在经意不经意间互相伤害着，因为爱的需要的互相满足，太难同频了。伤害你，是看得起你，说明在各自的内心，对方都太重要了，链接得太紧密了，这种体验构成了我们各种具体的"存在"的感觉，也形成了我们每个人依恋的风格或模式。书中使用"稳、黏、作、冷"这四个字，是对鲍尔比依恋模式精准、形象的描述，非常贴切，当然，书中更配有具体案例的生动描述和精彩分析。

那么，亲密关系模式是早年重要客体养育互动过程中潜移默化逐步形成的，是一个人存在的方式，"口味"已经决定了，必然会在成年后的亲密关系中重复吗？有没有办法可以努力回避这种重复？遗憾的是，我们经常看到，有些人越努力想不要活成父母的模样但最后还是活成了自己讨厌的样子。似乎是一种宿命，绕不开，没得选，我们称之为"强迫性重复"。正如书中某些例子所呈现的，两个人是"闻着味道"走到一起的，是潜意识的"共谋"。这时我们不禁要问，这样就一定"不好"吗？很多亲密关系一辈子不都这样的吗？不也过来了吗？这不是一个简单的好坏问题，而首先是一个自我觉察的过程，此时此地的情景毕竟不是早年的那个有着各种"不得已"的环境了，尤其是因为关系痛苦而开始反思的时候，已经孕育着某种改变和自主选择的可能性，但接下来的过程可不是那么容易熬过去的，总免不了走不少弯路，甚至走得更加偏了，书中不少实例情景可以让读者找到自己的影子，像是在见证着自己走过的心路历程。

人性是很丰富的，消解亲密关系带来的痛苦的方式也是多种多样的，本书的第二、第三部分是最出彩的部分，选择性爱活动和心身反应作为解析亲密关系的切入点是最恰当不过了。这是我们能否照顾好自己的最直接的指标，在这个领域琪嘉有着深入的研究，是他最擅长的部分，既有理论概念分析，也有生动的案例展现和解析。有一定心理学基础的读者会读懂为什么这样阐述问题，背后的内在联系是什么，会有会心一笑的共鸣和领悟；没有心理学基础的读者，只要凭着对自己感受的觉察和体验，也能领会这种种痛苦的背后藏着多少亲密关系的伤害。读后肯定会感到受益匪浅。

接下来的问题是，感受到关系中的痛苦，也觉察和理解到了痛苦背后的关系模式逐步形成的前因后果，甚至也有很强的动力想要做出改变和新的选择，但究竟怎么做才合适？会不会又陷入"明白了世间所有道理却依然过不好自己的人生"状态？有人会说，关系中的问题只有在关系中才能解决，言下之意是不要一有关系冲突感到痛苦就作出离婚的决定，就分手，就逃开了，这样就会回避了痛苦所带来的反思机会，然后又在新的关系中重复，失去了在痛苦中成长的机会。似乎在强调亲密关系双方"共修"

才是最好出路。也有人会说，人生短暂，既然认识到问题，就要及时做出选择和决断，没有必要勉强自己在一段让自己痛苦的关系中耗着，一拍两散也可，走自己的路，承担相应后果即可。当然，心理咨询师肯定会说，能否在关系中修复，如何修复，可以先找心理咨询师练练，通过早年"亲子关系—现实亲密关系—咨访关系"的平行呈现来解决。没有谁能保证一定会是什么答案，真要知道答案是什么，可以去找施琪嘉练练。我印象中能去找他练的人都不是一般的人。看了书你就能决定了。

张海音

心理危机干预专委会副主委
上海市精神卫生中心主任医师
临床心理科和心理咨询中心顾问
中国心理学会和中国心理卫生协会首批注册督导师
中国心理卫生协会精神分析专委会顾问，第三届主任委员

序二

深入理解亲密关系之路

"我们为什么会找到现在的另一半？或许，这是我们每个人都需要好好去觉察的部分。"

我非常同意琪嘉的这句话。同时，我也知道这种觉察是多么不容易做到。很多在心理咨询中努力探索的个体、伴侣或者家人，都发现这个任务非常艰巨。因为，和另一半结合的原因，实在太复杂了。

琪嘉的新书《你到底在找怎样的另一半：亲密关系心理学》可以帮助人们深入理解自己的亲密关系，从而减少亲密关系带来的烦恼和痛苦，提升亲密关系的质量。因为琪嘉在这本书里，全面地、细致地、结构化地、深入浅出地介绍了亲密关系议题涉及的四个重要部分：关系类型、性与爱、心身反应、创伤及修复。在每个部分，他又详细地介绍了丰富的知识要点、精彩的专业研究、生动的临床案例和易懂的整合阐释。

本书的一个重要特色，是涵盖知识面的丰富性。这是琪嘉多年广泛阅读、深入思考、勤勉实践的结果。尤其是在第三部分"亲密关系的心身反应"中，不仅涉及"失眠""恐高"等常见症状，还全面探讨了"断奶""痛经"等诸多没有被充分重视的心身反应，令读者思路开阔，帮助读者更系统地理解自己的亲密关系。

书中还特别给出了相关的练习，比如"觉察你的依恋关系模式""觉察性的议题对你亲密关系的影响"等，让读者在阅读完每个部分重要的内容后，可以立刻结合自身情况，开展自我探索，加强理论对个人实践的指导。这样的写作方式，有利于读者获得深入的体验和快速的成长。

读琪嘉的书，让我获益颇多。该书不仅在知识上可以启迪人，也会在实践中推动人去自我疗愈。我真诚地推荐这本书给在亲密关系中陷入迷茫和痛苦的人们，也推荐给心理咨询师和其他助人者。

刘丹

德国德中心理治疗研究院副主席
中国社会心理学会婚姻与家庭心理学专委会副主任委员

序三
人格藏在亲密关系中

一个人的人格，貌似藏在体表之内，本质上却延伸到了其亲密关系之中。每个人最核心的待人接物的态度，都形成于早年的亲密关系，又映射在现在的亲密关系之中。

本书作者敲有形之键盘，运无形之功力，把关系分析到没有关系；又把没有关系组装成各种关系。这是既内且外的"双重革命"。故琪嘉者，"革命"之人也。

曾奇峰

著名心理学者
精神科副主任医师
中德心理医院首任院长
中国心理卫生协会精神分析专业委员会副主任委员

自序

亲密在于无垠的孤独

人际关系中的亲密是早期母婴关系的原型反应，最亲密的莫过于胚胎细胞最初分裂的那一刻，一个单体细胞一分为二，继而进一步分化成为同类型的细胞群或不同类型的细胞群，组成器官和人体，带着父母的基因，和父母构成一个家庭，这是最亲密关系的开始。

最远的关系莫过于刘慈欣《三体》中描述的星际关系，宇宙的长度为165亿光年，即便达到光速，人的生命也不足以从宇宙一端到达另一端。通过冬眠，人可以一个世纪或几个世纪地过，醒来后物是人非，不知道在哪，打交道的人是谁，时空上都有很大的异化，数个世纪后醒来，人机已经可以互换，人们无须交流情感，一切都如此舒适，但醒来的数世纪前的人却感受了单细胞的孤独，没有链接，没有情感交流的必要！在茫茫宇宙中，宇宙飞船成了星球概念，很多人的出生和一辈子都要在飞船上度过，所以刘慈欣说他们没有幽闭恐怖，因为他们只要往窗外看，只有广场恐怖才对。

在人的亲密关系中，社交恐怖可能是对于最近关系的恐惧，希望远离又无法远离，广场恐怖同样是对关系的恐惧，希望靠近而无法靠近。

　　把人的关系拉到宇宙尺寸这么大时，你会发现地球文化是最好玩的，人与人之间有秘密，有不可言喻的默契，有爱恨情仇，最重要的，有关系。

　　亲密关系造就了人，其实造就了人之间的情感，文明进步的代价，就是没有情感，无须情感，那时，广袤的宇宙，黑瞎瞎的深邃，没有尽头的旅行构成了无法言传的孤独。飞船里一个刚冬眠醒来的世纪老人看着周遭发达极致的设置，估计他只想回去找妈妈，找那满是灯红酒绿，引车卖浆的地球生活了。

施琪嘉

目录 CONTENTS

第一章
亲密关系的类型与匹配 ·············· 001

第四章

亲密关系的创伤与修复 ·········· **183**

第一章

亲密关系的类型与匹配

蒙娜丽莎的微笑，
亲密关系的原型

说到亲密关系，你会想到什么呢？

可能很多人会想到两性关系、夫妻关系。也可能有人会说，虽然自己结婚了，和伴侣也有肌肤之亲，但是一点都不觉得亲密。有的人可能和自己的父母不亲，但是和孩子很亲；也有的人可能和亲人不亲，但是却和宠物非常亲近。那么，什么是亲密关系？我们要如何理解这些现象呢？

关系，也是一种本能的需求

要理解亲密关系，我们可以把它拆分为关系和亲密两个部分。我们先来说一下关系。

18世纪，普鲁士国王腓特烈二世想弄明白人类语言的起源，包括语言是如何产生和发展的，婴儿在没有听到他人说话的情况下会发出什么样的声音，什么样的声音会被婴儿判断为是人的声音等，他做了一项非常残酷的实验，将很多刚出生的婴儿从父母身边带走，然后要求仆人们在喂养孩子的时候，只满足婴儿对食物的需要，不能看婴儿的眼睛，不能对着婴儿笑，也不能对婴儿说任何一句话或发出声音，总之，不能和婴儿有任何的互动。结果，这些婴儿全都死掉了。

20 世纪五六十年代，有好几位心理学家不约而同地发现，人除了需要吃喝拉撒的生理满足外，更重要的是需要一种关系上的安全。

奥地利精神分析学家勒内·斯皮茨研究发现，那些一出生就遭到遗弃的婴儿，虽然在孤儿院的生理需求能够得到满足，但是由于缺少与养育者之间的触摸和情感互动，很多婴儿不到一周岁就死亡了，而那些幸存活到 4 岁大的孩子，却不能像正常孩子那样发育，甚至都无法坐、立和交谈。美国心理学家哈利·哈洛通过恒河猴的实验发现，爱源于接触，而非食物。接触所带来的安慰感，是母爱最重要的元素。这一发现直接颠覆了美国社会一直倡导的哺婴方式。

换句话说，人对关系的需要，相当于是一种生理上的本能需求。

第二次世界大战后，斯皮茨有了新的发现。他对比了孤儿院和女子监狱两个不同地方婴儿的成长，发现孤儿院的孩子虽然物质条件较好，但发病率和死亡率都比较高，而在监狱里由服刑母亲养育的孩子，虽然各方面条件不如孤儿院的好，但大部分孩子的生长发育状况却很正常。原因就是，孤儿院的孩子没有相对稳定的照料者。

因此，后来照料孤儿院弃婴的方式也有了改变，要让婴儿有固定的照料者，并且要有互动。对婴儿笑、与婴儿说话和拥抱婴儿，孩子就能更加健康地存活下来。以前人们认为婴儿什么都不懂、只要喂饱吃足就行的认知，由此发生了改变。

所以，关系的存在，作为第一要素，存在于吃喝拉撒等生理本能需求中，这种关系必须是一种相对固定的关系，哪怕照料者不是孩子的亲生母亲。照料者在照顾孩子的过程中，其声音、味道、动作、习惯等这一切所构成的母亲的环境，成了婴儿在特别小的时候用身体来感受和体验的原初记忆。

这份原初记忆，既是关系存在的痕迹，又是未来发展其他关系的模型。这份关系之所以亲密，恰是因为它的稳定、有身体的接触、有言语表情的交流和情感的互动。亲密关系最早的原型是母婴关系。英国心理学家唐纳德·温尼科特有一句名言："从来没有婴儿这回事儿（there is no such thing as a baby）。"意思是说，当你看到婴儿的时候，你一定会同时看到照顾婴儿的母亲。这句话映射的是，首先有一份关系的存在，而且这份关系就是带有照顾性的母婴关系。母婴关系，是个体成长过程中的亲密关系的原型。

母婴关系，是亲密关系的原型

谈到法国卢浮宫的镇馆之宝——《蒙娜丽莎》，人们都会被其独特、令人感到陶醉而又神秘的微笑所吸引。精神分析学派的鼻祖西格蒙德·弗洛伊德在参观卢浮宫时，也在《蒙娜丽莎》的画像跟前驻足观赏。然后，弗洛伊德若有所悟地说，终于明白了为什么几百年来人们对达·芬奇的这幅画趋之若鹜。弗洛伊德在1910年出版的著作《列奥纳多·达·芬奇和他童年的一个记忆》中，对达·芬奇在日记里的一句话进行了分析："我躺在摇篮里的时候，正想闭上眼睛睡觉，突然，一只秃鹫快速地朝我飞了过来，此时的我又惊又怕，只感觉到天旋地转。没想到，秃鹫用它黑色的尾巴打开我的嘴巴，而且它还用尾巴触碰我的嘴唇。那一刻，我的嘴唇感觉到有些发痒。"

弗洛伊德认为秃鹫的尾巴所带来的体验，象征着母亲的哺乳和亲吻。蒙娜丽莎的微笑，唤醒了成年的达·芬奇对幼年时期的母亲的记忆。这个微笑，就是婴儿吃饱了奶，趴在妈妈的怀里，眼睛直勾勾地盯着妈妈的时候，感受到信任、满足和安全的样子。达·芬奇通过他的画笔，把他早年的眷恋再次呈现在这个微笑上。

一千个读者，就有一千个哈姆雷特。也许每个人都可以在这幅画中看到自己，因为每个人都有自己内心的写照与投射。从这些角度来看待亲密关系的话，亲密关系就不是狭义的两性关系。亲密关系是人类最重要的关系，它不仅仅指伴侣之间，也包括了亲子之间的关系，人与宠物、物品之间的关系。亲密关系也不仅仅指躯体上的接触，更多的还有在情感层面的交流与互动。而亲密关系遗留给我们的最早痕迹，就恰好来自母婴之间的照顾关系。

亲密关系是人类能够存活下来的重要因素，几乎等同于本能的需要，它要求爱、安全、信任和稳定。然后在这个过程中，亲密关系会发展出有照顾的、有依赖的、有身体接触的、有情感依恋的……各种变异的状态。但亲密关系不是一成不变的，它也会因成长过程中家庭互动中父母态度的影响而变化，换句话说，母婴关系中的母亲，是一个象征性的名词，在母亲的意义之上，还可以扩展为父亲是如何照顾孩子的，家庭是怎么对待孩子的，其他养育者是如何与孩子互动的。

早年的依恋关系，
如何影响未来的婚姻选择

美国心理学家玛丽·安斯沃斯在"陌生人情境"实验中，探讨了婴儿在不同压力水平下如何平衡依恋和探索需要之间的关系。安斯沃斯将婴儿在母亲回到房间后的反应，分成三种不同的依恋类型，分别是：安全型、不安全矛盾型、不安全回避型。

孩子依恋关系模式的形成

安全型孩子的父母，对孩子比较接纳，能对孩子保持敏感，在照顾孩子时特别能理解孩子的需求。孩子内心中会感觉到父母亲是能够看见自己、理解自己的，所以就形成一种安全的感觉。

不安全矛盾型孩子的父母，对孩子的态度则是与自身的情绪状态有关。情绪好的时候，父母对孩子也不错，情绪不好的时候，马上就翻脸了。他们不像安全型的父母，前者通常对孩子比较温和的态度是持续的。

幼小的孩子内心中没有办法分辨，为什么妈妈对他/她会有两种不同的面孔。借助心理防御机制，孩子会把妈妈分为两个妈妈，一个是"好"妈妈，一个是"坏"妈妈。面对"坏"妈妈时，孩子通常不会认为是妈妈的问题，孩子会把"坏"折返回自身，他会理解为："妈妈之所以'坏'，是因为我'坏'，因为我不好，所以妈妈才生气。"

现实中妈妈的离开可能是因为要上班，但孩子不这样想，由于他对妈妈的离开感到非常恐惧和不理解，就把所有的问题都归咎到自己身上，觉得都跟自己有关系。这有点像精神病性关系妄想的表现，孩子会觉得是因为自己不好，所以妈妈离开了。

那么，孩子为什么会把"坏"折返到自身呢？这是一个投射性认同的过程。

比如说，孩子哭闹不睡觉，妈妈（养育者）可能会觉得很烦，但是妈妈还是很耐心地哄他、安抚他，他就会感觉到，这个"坏"被妈妈接住了。于是，孩子又完成了一次"不是我不好"的验证，"妈妈对我这么好，我是值得被爱的"，孩子就慢慢地安静下来。

这样的话，"我是不好的"的这个"坏"，就成功地投射出去，而且被妈妈接住了。

有的妈妈看到孩子哭闹不睡觉，她对孩子说："你再不睡，我就让狼来抓你。"现实层面上，还有类似的"哭声免疫法"，哭就不抱，不哭才抱等方式。那么，孩子就把"坏"留在了自己内心里。看起来孩子是睡着了，但他内心的恐惧就留在了潜意识深处，他完成了这个投射性认同的过程，把"坏"折返回自身："因为我不好，所以妈妈不理我，这都是我的问题。"

也就是说，当养育者能够承接住孩子投射过来的"坏"，孩子就会变得越来越好，因为"坏"都被投射出去，被承接住了。如果养育者没办法接住孩子投射的"坏"时，孩子就把"坏"折返回自身。既然我是"坏"的，那妈妈就应该是"好"的。但是在现实中，他的幻想又再一次破灭了，因为现实中的妈妈（养育者），有时好，有时坏，这跟她的性格脾气有关系，也跟她的心情状态有关系。因此，这个孩子就非常矛盾："我到底是好还是坏呢？"孩子会变成一种特别焦躁的状态，也变得不好带，特别矛盾，在生活中特别敏感、易激惹。

另一种类型是不安全回避型。这种类型的孩子有个显著的特点，就是表现得特别"乖"。孩子对于妈妈对他是什么态度，呈现出无所谓的状态。无论是父母亲离开或回来，孩子都没有什么反应，没有特别多情感的流露。这种状态，有时候让父母亲感觉到特别挫败，觉得孩子对他们没什么感情。但是，孩子这种态度，正是由于父母亲早期对孩子的态度所造成的。

在不安全矛盾型的依恋关系中，父母对孩子是有好的时候，但因为各种因素的影响，父母变得心情不好，他们对待孩子的态度因他们自己的状态而经常变化。但是，在不安全回避型的依恋关系中，父母亲通常沉溺于自己的世界，忙工作、忙事业，因而孩子就把对父母满腔的期望全部都吞了回去。

如果孩子投射出去的东西都没有什么反应，久而久之，这些就会全部折返回孩子的内心世界，他对这个世界、对周围的人就比较淡漠。因为孩子不再抱有特别大的希望，所以他发展出自闭、抑郁的状态。但是，往往很多父母还不觉得这是个问题，特别是在我们的文化中，我们特别希望孩子乖，只要这个孩子安安静静的，不给大人惹事了就行了。孩子天生对世界充满了好奇与探索，其中的一个表现就是调皮，有时候会给父母惹事。一个孩子要是不调皮，表现得特别乖，这反而是父母亲更要担心的。

后来，研究人员又发现另外一种依恋模式，不安全紊乱型的依恋关系。这类依恋关系和前面几种类型的不同之处在于，前几种类型似乎还有某种规律可循，而紊乱型则没什么规律可依，孩子常常是处于混乱的状态。

紊乱型的分类是偶然发现的。研究人员发现，在不安全型的孩子里，有一些孩子的表现不符合之前分类的条件。这些孩子经常哭闹、生病，或者有很多奇怪的动作，比如说走着摔倒，讲话的时候忽然用手堵住自己的嘴巴，有非常多的身体问题等。于是，研究人员对他们以前的录像进行了仔细地筛查，发现这样一个特点：孩子想要去求助的对象（父母），正好就是迫害者。遇到危险的时候，孩子会启动依恋关系，寻找安全、信任的人，也就是他会本能地扑向父母。而紊乱型的孩子在扑向父母的过程中，他又发现，父母就是最大的"危险"。这样的依恋关系，就给孩子造成了极大的困惑。

最初，依恋理论的研究大多用于理解婴儿和母亲（养育者）的关系。后来，有更多的心理学家将依恋研究拓展到了成人阶段，认为母婴关系形成的模式，这几种依恋类型，同样会作用于成人之间的亲密关系。虽然成人的依恋类型和婴儿的不太一样，但是大致分类是差不多的。

依恋模式对亲密关系的影响

父母和孩子之间形成的依恋模式，有多大的程度会影响到夫妻关系？

有个大致的说法是，如果父母跟孩子的关系是安全型的，那么孩子成年以后的亲密关系，多半是安全型的。也就是说，即便你和父母的依恋关系是安全型的，可是个体在发展亲密关系的时候，也有人会发展出不安全型的亲密关系。原因就在于，还要考虑社会环境因素。虽然个体可能来自特别温暖的家庭，但是外界环境和人际关系中可能存在不安全的影响因素，这导致接近一半的人没有发展出安全型的亲密关系。

如果父母是不安全型的依恋模式，个体未来形成安全型的可能性大概为1/3。也就是说，如果个体成长在一个不安全型的家庭关系中，未来的婚姻关系有2/3的可能性是不安全型的。我们的潜意识会促使自己往不安全型的方面去寻找另一半，当然，有1/3的可能是可以找到安全型的。

有些人的父母的夫妻关系特别糟糕，但是他/她找到的伴侣对他/她特别好，非常接纳他/她，伴侣的原生家庭也非常接纳他/她，他/她就在亲密关系中得到了疗愈，那么，他/她的夫妻关系与亲子关系就会朝着安全型的方向发展。

也有的人，她非常厌烦父母的夫妻关系，他们整天都在吵架，她从小就恨不得离开这样的家庭环境。所以，她在发展亲密关系的时候，几乎就是奔着逃离自己家庭的目的而去，早早地把自己嫁了出去。例如，有个女生，她对某个追求她的男生的感觉就一般般，但是她有次去了男生的家里，让她产生了家的感觉。大家一起聊天、吃饭、相互给对方夹菜、有说有笑。她觉得简直是温暖极了，就急于把自己嫁到这个家庭里。但是，这种亲密关系是否一定好呢？也未必。我在临床中见过了很多类似的情况。有不少这种夫妻关系，实际上是不那么好的，为什么？因为她当时的目的是逃离原生家庭，想着只要把自己嫁出去就行，那就不管对方是怎么样的人，对方是否真的适合自己。

我们常说"可怜之人，必有可恨之处；可恨之人，亦有可悲之苦"。紊乱型的家庭，父母本身可能就有严重的心理问题或精神疾病，经常嗑药、酗酒、家暴，等等。这种家庭中长大的孩子的亲密关系也会变得紊乱。你会发现有的女性真的很可怜，因为她的丈夫总是打她。如果你把整个故事听完，你会发现，可能她就是要在婚姻中找一个丈夫用来虐待自己。她可能会变成施虐的一方，也能不断地找人来虐待自己。这就是依恋关系会持续终生的潜意识选择。所以，在夫妻关系中，常常有这样一种循环交互的受害三角（加害者、拯救者、受害者）。

例如，一对夫妻中的丈夫因为夫妻生活没有完成就特别烦躁，双方因此发生争吵，丈夫就打了妻子。这个时候，丈夫是加害者角色，妻子是受害者角色。后来妻子拒绝和丈夫再发生性关系，也不和丈夫说话。然后，丈夫就跪在地上说自己错了，再也不会动手了，又是请求妻子原谅，又是扇自己的耳光。这个时候，加害者就开始变成了拯救者的角色。但是，妻子仍然对丈夫不依不饶。丈夫作为拯救者，为了让妻子满意，他就让妻子回过头来扇自己耳光。那么，在这个时候，受害三角开始逆转，妻子又变成了加害者的角色。如果在夫妻关系中构成了受害三角，夫妻之间就常常循环扮演着加害者、受害者、拯救者的角色，夫妻关系就跳不出去，总是在这个三角里面轮回。这种情况常见于紊乱型依恋关系家庭中的个体在未来形成的夫妻关系中。

由此我们可以看到，早期的依恋关系会影响到个体未来对婚姻的选择，以及婚姻的质量。这就是为什么说母婴关系是亲密关系的原型。

觉察亲密关系中的
依恋模式痕迹

夫妻关系的模式，往往带有早期依恋关系的痕迹。也就是说，在童年时期，你和父母亲的关系模式，会被用到你现在的人际关系中，特别是用在你所发展的亲密关系里面，包括你和伴侣的关系，你和孩子的关系。所以，你寻找伴侣的时候，你对待孩子的时候，你可能都会在潜意识中重复来自过去的你与父母的关系模式。

四个维度，看依恋模式的成分

前文中提到婴儿的依恋模式，可分为安全模式和不安全模式。不安全模式又分为矛盾型、回避型和紊乱型。

那么，如何区分孩子与父母的依恋关系，在哪种模式中的成分占比更多呢？这可以参考四个维度，分别是依恋行为、探索行为、分离反应和重聚反应。

从依恋行为和探索行为来看。

孩子在婴幼儿状态时依恋行为比较多，比如希望被拥抱、有吸吮的动作、身体要挨着父母等。这些希望得到照顾和关注的行为都属于依恋行为。

如果孩子和父母是安全型的依恋模式，孩子的探索行为就会比依恋行为要多。安全型的孩子能很快乐、很自由地玩耍，会在玩耍中学习，他们会觉得这个世界很新奇，有很多没见过的东西，因此，他们玩耍就是一种学习与探索的行为。

对于矛盾型的孩子，他们的依恋行为是明显增加的。例如，4岁大的男孩本来已经没有尿床现象，在妈妈生了妹妹后，他又重新尿床，他本来不吸吮手指，又开始吸吮手指了。一方面是依恋行为的增加，另一方面是探索行为的减少。例如，有的孩子，智力没有任何问题，但是学习成绩总是上不去，玩耍行为也减少。原因就在于，孩子的注意力都集中到妈妈身上去了，关注妈妈今天是否开心、妈妈的表情有没有什么变化、妈妈会不会突然离开等。因此，这些就分散了孩子可以自由玩耍的注意力，减少了孩子探索与学习的行为。这是矛盾型的孩子的表现。

回避型的孩子虽然也在玩耍，但是他们对于父母在不在场是一种无所谓的态度，所以他们的依恋行为是减少的。这些孩子看起来似乎也喜欢玩，实际上，他们往往是处于一种心不在焉的玩耍状态，不像安全型的孩子是全心全意地投入玩耍。所以这些孩子的玩耍，就是一种无效的探索行为。比如，画画的时候，安全型的孩子会呈现出自己内心的意象；无效玩耍的孩子可能会重复而机械地画一些无意义的线条。

从分离反应和重聚反应来看。

安全型的孩子，在父母要离开的时候，会注意到父母的离开，也会因此而哭泣，会有很强烈的反应。如果孩子明确知道父母是暂时离开，不是扔下他不管，这个孩子就能够进行自我安抚，他虽然对于与父母的分离有很强烈的反应，但是他能够让自己平静下来。

重聚反应是指，孩子看到父母离开后又回来时的状态。安全型的孩子会放下正在玩耍的东西，兴高采烈地扑上去。温尼科特提到，孩子会因为和母亲的分离而产生极大的焦虑，母亲的回归能够瞬间治疗孩子因与母亲分离而产生的焦虑。所以，我们会看到，一个跟母亲关系还不错的孩子，在母亲离开之后会哇哇大哭，继而可能会闷闷不乐一会儿。孩子可能还不理解妈妈要去上班，会因此失落和难过。可是等妈妈回来的那一刻，这个孩子又张开小手扑了过去，高兴又心满意足。

矛盾型的孩子，看到父母离开的时候会非常敏感，会停止正在玩耍的一切动作，会出现纠缠、黏滞、哭闹，甚至是动手等。我们经常听到父母亲说自己家的娃是难缠的孩子，不好带的孩子，不乖的孩子，这往往可能是矛盾型的表现。孩子的重聚反应往往也会呈现出矛盾的状态，当看到父母回来，他们不会像安全型的孩子一样开心地扑过去，他们反而会推开父母。例如，有位妈妈，她的孩子在两岁大的时候，每次见到妈妈回到家就要扑上去。可是妈妈每次都把孩子推开，因为她是传染科的医护人员，有洁癖。虽然她在医院有专门的工作服，离开工作岗位后也进行了消毒，但是她回家后仍然要先洗手再把身上的衣服换了。久而久之，孩子看到妈妈回来，就远远地站在一边不靠上来。妈妈看到这一幕时，也很不是滋味。

矛盾型的孩子经常是这种状态，一方面想要拥抱父母，另一方面又想推开父母，而且，当父母去抱他时，他会哭闹得厉害，打人、蹬腿、撕咬。所以，这让父母产生几种特别矛盾的心情，一种是觉得不可理解，不知道自己哪做错了，得罪了小祖宗；一种是觉得内疚，没把孩子照顾好；还有一种是对孩子的状态产生厌恶，就觉得这个孩子的性格怎么这么奇怪，我走他"闹"，我回来他也"闹"。这些都是矛盾型孩子的表现。

回避型的孩子，则对父母的离开没有什么反应，看起来他们好像还沉浸在自己的世界中。同样，他们对父母的回来也没有什么反应，好像父母没有回来一样。我们也会经常听到有父母说，我的孩子非常乖，可以自己玩一天，我都不用管他，他也没有给我惹过什么麻烦。可是，如果一个孩子表现得特别乖，父母可要注意了，这种乖很有可能是不安全回避型的表现。

•••• 练习：觉察你的依恋模式 ••••••••••••

刚刚我们提到的这四个维度：依恋行为、探索行为、分离反应、重聚反应，可以用来帮助我们理解我们与父母的依恋关系是什么样的模式。

大家可以尝试做个练习，根据上述的四个维度去思考一下。在你的童年，你和妈妈的关系是什么模式？和父亲的关系又是什么模式？如果你是外公外婆或爷爷奶奶养大的，你和他们的关系又分别是什么模式？

第一个觉察的部分，是看看你现在的人际关系模式，和你以前的依恋模式有什么样的关系。它有没有影响到你的人际关系，又是如何影响你的人际关系的？

第二个觉察的部分，请你去观察一下，在你的日常生活中，你和闺蜜、好友的关系状态是怎么样的？你通常会接受什么样的好友？是对你特别控制，还是让你特别依赖？是相互抬杠，还是彼此支持？去觉察一下你与闺蜜、好友的相处模式，和你与父母哪一方的相处模式是比较类似的，你又为什么会和他／她成为闺蜜、好友？

第三个觉察的部分，是去想一想，你现在的男女朋友或夫妻关系的模式，是与你和你的父亲或母亲的某一方的模式是类似的？或者与你和你的成长中的某个养育者的关系是类似的？你有没有发展出新的依恋模式的亲密关系？还是发展出和以前一模一样的关系模式？包括在依恋关系中的某种特征。比如说，你的父亲有家暴行为，你是不是也找了一个会动手的丈夫？你的父亲特别喜欢抽烟，你是不是也特别想念手指淡淡烟草的味道？

第四个觉察的部分，如果你已经有孩子，请你仔细地观察一下，你对待孩子的态度，有没有重复你父亲对你的态度，或者是你母亲对你的态度？

（建议做完练习之后，再阅读以下内容。）

做完这个练习后，我们通常会看到这几个特点：

第一，你的亲密关系模式，可以从你与父母的关系模式中找到痕迹，它有可能是类似的，也可能是相反的。无论是类似还是相反，创伤的成长经历所导致的不安全型依恋模式，可能就会在以后的人际关系中呈现，尤其是在亲密关系中重复。

第二，也许你也会发现，关系是会改变的。虽然一个人有早年的依恋模式，但是他有能力也有可能在成长过程中发生改变。

这种改变的可能来自什么因素？有可能跟你自身有关系，比如说你学习比较好，你的老师、同学都特别喜欢你，或者你遇到了一个对你特别好的人，你可能会在成长过程的某些社会关系中发生改变，从不安全型变成安全型。因此，对于依恋模式对未来亲密关系的影响，大家要用辩证和动态的方式来看，不是说你与父母的关系不好，你以后就不能发展出良好的亲密关系。

也就是说，你的父母、你的家庭对你的依恋模式会有影响。同时，你的依恋模式也在成长的过程中、在不同环境因素的影响中不断地发生变化。

有人曾问过我这样一个问题：每个孩子一出生有什么样的依恋模式？孩子是不是因为父母的不恰当照顾才变成了不安全型？

如果非要说孩子一出生有什么模式的话，我会说是不安全的回避型。为什么呢？我们知道，依恋关系的产生是建立在照顾关系的基础上，慢慢酝酿出某种强烈的情感，然后才会形成依恋关系。因此，依恋模式和生理的状态有关系。之所以是回避型，是因为新生儿还没有能力去应对这个环境，还处于待在母亲子宫中的那种感觉中，处于完全自闭的状态。也就是说，出生后的最初这段时间里，不管父母亲对孩子有多么好，婴儿都是回避型的模式。

后来，慢慢才有变化的。妈妈在孩子的印象中开始成了"非我"，也就是婴儿开始逐渐形成某种认知，知道自己和母亲不是同一个人，不再是完全融合的状态，他就开始区别"我"和"非我"。

这个时候，婴儿在对待自己和他人时才开始有区分的意义，他才有了"妈妈是我想要依恋的对象的想法"。但是，婴儿仍然持保留态度，他有一部分想法是认可母亲作为依恋对象，也有一部分心理是处于矛盾的状态。婴儿会继续观察妈妈是"好"的还是"坏"的，是值得信任的还是不能信任的。

如果母亲足够好，陪伴也足够多时，婴儿会随着对母亲照料的信任，依恋程度会明显地增加。因此，如果母亲对孩子是一个好的依恋关系，孩子的安全模式就会逐渐地发展起来。如果我们从这个角度来理解的话，就意味着，在依恋关系形成的这个阶段，你离开了他，或者你对他不好，孩子只会更多地待在回避型或矛盾型的依恋模式中。

约翰·鲍尔比认为，个体在和依恋对象的实际交往中形成了个体和依恋对象之间的内部工作模式，它是早期依恋经验的内部表征。内部工作模式最初是基于婴儿对依恋对象的行为预期而建立的，之后逐渐发展形成有关婴儿自身与依恋对象的关系经验的解释。

因此，在未来发展亲密关系时，个体会激活早年的关系模式，也就是早期依恋关系，包含早年印象特别深刻的经验、体验、认知或感受。也就是说，我们会用这样的潜意识倾向，帮助我们寻找另一半。

也许你在发展亲密关系的时候，你会觉得，你找到的另一半是个以前不认识的人，是个全新的人。可是，在发展亲密关系时，你们不仅有亲密的关系、有性的关系，在情感层面，你们往往还会有某种神秘的链接，这份链接来自过去的某种似曾相识的气味印痕。

我们到底在找
什么样的另一半？

　　亲密关系的原型，是婴儿和养育者之间的互动，从单纯的生理照顾，发展成复杂的情感依恋。从这个意义上说，母婴关系能够映射出夫妻关系的模式。也就是说，个体在早年和养育者所建立的依恋关系，也能够反映在今后的夫妻关系中。

依恋关系的特异性，冥冥中的安排

　　依恋关系和照顾关系的区别，就在于是否具有强烈的情感。强烈的情感会导致依恋关系出现另外一个特征，就是特异性。特异性是指区别于其他事物的性质，只与唯一的特定事物相关。

　　例如，如果孩子从小是由外婆带大的，饮食起居、日常照顾都是由外婆负责的话，这个孩子就只认外婆。外婆年纪大了，患老年痴呆，生活不能自理，大小便弄脏衣物。这个被外婆带大的孩子可以把外婆抱进抱出，给外婆擦洗，甚至一点都不嫌脏。但是，作为父母，如果没有带过孩子，以后也不要抱怨孩子不像是亲生的，跟自己不亲近。这就是特异性的表现。

　　特异性的表现还会呈现亲疏远近的排序。前文提到，如果没有人陪伴，哪怕提供食物，婴儿也不一定能很好地存活下来。依恋关系，就是让孩子存活下来的，除了吃喝拉撒等生理需求之外的重要因素。婴儿会将他的照料者排序，要是最亲的人离开了，他可能会退而求其次。比如说，孩子平时只要妈妈抱的，妈妈不在的时候，他更愿意让奶奶抱，接下来才可能愿意让爸爸抱。

　　有时我们会觉得特别难以置信。比如，有的人找的男女对象，和他的父母有非常多相似的地方，如神态、形态、姿态，就仿佛是照着模子来找的。这其实是潜意识的影响，在潜意识中，他发展亲密关系时，可能就是按照妈妈的模式来寻找。这个寻找的模式就是依恋关系。比如在碰到危险时，或者遇到麻烦棘手的事情时，我们会无意识地冒出一句："妈呀！"这种情况下，危机启动了个体的无意识程序。婴儿最想求助的对象是谁？就是早年最亲近、最可靠、最安全的那个人。成年之后，我们就会有这种象征性的表达，因为这是我们潜意识深处的内容。

　　我们在寻找伴侣时就会出现这种情况。例如，一位女性在恋爱关系中受伤了，或者是遭遇了挫折性事件。这个时候，恰好有位男性来安慰她，在平时她可能是看不上这位男性的，或者是不喜欢，只是当普通朋友看待，但这个男人在她最关键的时候，以象征母亲的角色来照顾她，不断地呵护她。那么她内心的依恋部分就会被激活。

　　也就是说，一个人在最无助的时候，她所选择的伴侣对象，很有可能就是个象征母亲的角色。也许她意识层面知道，对方可能不是她适合的、想要的伴侣，可是她内心感受到太无助、太孤独、太需要一个人来照顾自己。这个时候，她就很可能做出选择，和对方成为男女朋友，甚至结婚。但是，她选择的对象只是一个象征母亲的角色而已，今后的夫妻关系可能容易出现各种问题。

由此可见，个体在成年后所发展的亲密关系，不仅是一个成年人在寻找伴侣，还是在潜意识作用下个体内在的小孩在寻找最熟悉的依恋模式。有很多对伴侣就是在这样的情况下，发展出亲密关系的。

依恋关系的持续性，不稳定的稳定

我们早年所建立的依恋模式是在潜意识中运作的，有时候我们意识不到，因此，现实层面上就似乎总会出现似曾相识的情景和关系。这是依恋关系的另一个特点，即持续终生。

那么，伴侣关系是如何体现持续终生这个特点的呢？

如果你从小和养育者之间建立起来的依恋关系特别好，你找寻的伴侣是你比较满意的，这种夫妻关系就叫作琴瑟和鸣、相携相依。伴侣关系能反映出他们的依恋关系很和谐，那这段伴侣关系就很稳定，可以持续终生。

同样的，你的潜意识也可能促使你找到与你的依恋关系相匹配的伴侣。临床工作显示，有些女性的父亲是个酒鬼，她们从小在这种酗酒或家暴环境下长大。有的人会发誓，绝对不会找个酒鬼当自己的丈夫，但最后还是找了个酒鬼丈夫。有的女性会说，她找的这个对象在恋爱期间完全符合她的标准，没有发现对方有酗酒倾向，可是结婚以后对方就出现了酗酒行为。实际上，这些行为以前都有，只不过她的丈夫掩饰了，她完全是在潜意识中就找这样的丈夫与自己匹配。

对于离异、再婚的伴侣，这种持续的特点也有迹可循，在于他们每次找到的伴侣都是类似的。

假如父母经常吵架的状态，他们吵架时对孩子的态度变幻莫测，甚至是威胁和归罪："如果不是你的话，我早就离婚了；都是因为你，我才过得如此这般。"孩子可能就对婚姻不特别信任。孩子内心中会形成这些印象：婚姻是不好的，孩子也是不好的。这就成了孩子所熟悉的不安全的依恋模式。那么，当步入婚姻时，他/她就会陷入一个不好的婚姻中。继而他/她也可能会把自己陷入与孩子不好的关系中，让孩子有了一个不安全的依恋关系。

他/她可能因为痛苦而结束这段关系，但是，在发展下一段婚姻时，他/她如果没有觉察，很可能会继续以潜意识的模式去发展下一段不稳定的婚姻。这样就造成了结婚离婚，再结婚离婚的重复。我们就会发现，每一段婚姻找的人都是类似的，这就是潜意识持续的作用。

还有一种情况，有些人早年和养育者之间的依恋关系也不好，他们实际上遇到了很好的伴侣，可他们也会莫名其妙地离开这段关系。例如，有位女性有两段婚姻，第一段婚姻的丈夫是大学教授，经济收入和社会地位都不错，对她也很好，把她当成手心里的宝，家务活都不用干，但是她和大学教授离婚了。离婚之后，她又再结婚了，第二段婚姻中男方是普通的工薪阶层，收入一般，她在家里还有一大堆做不完的家务。大家很难理解，为什么这位女性会做这样的选择。她之所以做出这样的选择，就是我多次提到过的那个让人心酸的说法："不稳定的稳定"。

少年夫妻老来伴，
亲密的基础是照顾

前文提到，亲密关系的原型是母婴关系，而母婴关系的基础就是一种照顾型关系。照顾型关系，是亲密关系的第一个层面。那么，亲密关系和照顾有什么链接呢？

我们知道，母婴之间有很多躯体方面的接触。小孩子出生后，每天需要吃奶，哭了要抱，大小便后还需要清洗，很多妈妈还会给婴儿做身体抚触，这些都是母亲对孩子的照顾。久而久之，这种肌肤之亲就会让婴儿对母亲更加信任和亲近。

照顾型的关系，最直接的体现就是躯体的接触。比如说，在我们生病住院的时候，手术前护士会给你备皮，也就是在手术的相应部位剃除毛发，并进行体表清洁的手术准备，她可能会看到你的隐私部位。住院的时候我们要穿病号服，原因之一就是方便穿脱和让医生检查、处理伤口。

在住院治疗和检查的时候，身体不仅暴露在医生的面前，身体内部还可能有一些侵入性检查，比如说胃镜、肠镜、膀胱镜检查等，这些内窥镜检查都会侵入到你的体内，这样的身体检查，就需要有一定的信任感和安全感，才能形成照顾关系。如果病人不允许医生接触自己的身体，那医生就没办法去检查和照顾病人的身体。

所以，照顾型关系有一个前提，就是基本的安全感和信任感的建立。

亲密关系的照顾层面

照顾型的亲密关系，在婴儿出生的一年之内呈现得特别多。照顾过程可能会一直持续到孩子上小学，随着年龄的增长，父母和孩子的肌肤之亲会逐渐减少。但是，最早期的时候，肌肤之亲是亲子之间特别常见的亲密状态，如喂奶、睡觉、洗澡、身体抚触等。在这些过程中，孩子会体验到肌肤之亲所带来的享受、满足、信任与安全。

肌肤的接触，一方面会让婴儿感受到来自母亲的照顾与关爱，另一方面，这些情感也会通过某种肌肤接触的形式，让个体产生生理刺激的记忆。

比如说按摩，隔着衣服按摩，和把上衣脱掉再抹精油按摩，给人的感觉不一样，差别在于皮肤接触。皮肤的接触，是一个非常重要的标志，在象征层面标志着回到婴儿时候和母亲肌肤接触的状态。对于按摩的手法和力度，每个人也是萝卜青菜各有所爱。有的人喜欢比较温柔的，手放在上面轻轻地按，更多的感受是触觉；有的人喜欢比较重的，总觉得不够力，更多的感受是压觉。

触觉和压觉是不一样的。触觉常常是带有温柔和爱的感受，压觉往往是带有某种惩罚和命令的含义。有人曾说，他/她和父母皮肤接触最亲密的时候，就是父母打他/她的时候。挨打的时候，他/她才能接触到父母的皮肤，不挨打就意味着父母没有理他/她。所以有时候他们会有意无意地搞事情，促使父母来理他/她，方式自然就是挨打。这当然是一种非常矛盾和悲催的体验。这种孩子可能在将来的亲密关系中会形成一种施虐和受虐的状态。

当然，照顾型亲密关系所带来的体验，也形成了各种性关系的状态。

从象征的角度来看，医患关系就是照顾与被照顾的关系，护士的身份有两个特点，一个特点是照顾你，另一个特点是护士会打针，打针有时给人的感觉就像是某种惩罚，她一方面在照顾你，另一方面在惩罚你。所以，护士的角色极其形象地反映了我们和母亲的关系，就是被母亲照顾和惩罚。这就是照顾型亲密关系，在性关系中某种状态的呈现。

我们知道还有一种说法叫少年夫妻老来伴。所谓老来伴，就是夫妻在一起生活了很多年以后，互相为伴互相照顾。除了亲密之外，夫妻中其实有很多照顾的表现。比如，妻子在生孩子的时候，丈夫忙于工作的时候，伴侣生病的时候，在这些情况下，另一半都在起到照顾的功能。

这是亲密关系的第一个层面——照顾层面。照顾型亲密关系的核心是生理上的照顾。如果只停留在这个层面的话，形成的亲密关系往往就是一种照顾型关系。

亲密关系的依赖层面

亲密关系的第二个层面是依赖层面。

这里的依赖主要指的是心理上的依赖。比如说，有位女士能够离开家庭，可以去上学、工作，独立生活能力很强，生活上照顾自己也没问题。但是有一点，她就是需要找一个人做伴，在念大学时谈恋爱，她并没有多爱对方，也没有发生性关系，她就是觉得自己太孤单了。对方也不一定有多爱她，大学毕业两人就分手了，两个人就像刺猬一样，互相取暖但又不能太近。

依赖型的亲密关系有两种象征意义：第一，要有人的存在；第二，不一定要有性关系。

这像婴儿在小的时候非常容易哭闹，哭闹的原因就是他/她哭了很久妈妈都没有来。所以他/她内心中常常产生这样的念头：妈妈要抛弃我，就剩我一个人在这，我一个人活不下来。因此，他/她就特别喜欢跟人在一起，他/她虽然喜欢跟人在一起，但是又无法形成深入的亲密关系，性的兴趣和欲望也不大，情感交流的动机也不强。

有的人讲故事可以讲得非常生动，听到什么声音，看到什么风景，有什么感受等，而有些人就是半句都讲不出来。我曾经接触过一个15岁男孩，看上去一切都很好，但是我跟他交谈的时候，就发现他特别空洞。我让他讲一段印象特别深刻的关系或经历，他只会说从小就被送去国外生活，同学都很欢迎他，会叫上他一起玩。出国的感受、遇到的同学、别人是怎么欢迎他的、一起玩了些什么，他就只能用那一两句简单而乏味的话来讲述。

依赖型亲密关系反映出个体对人际关系的依赖特别强。然而，对于伴侣，你会发现对方似乎对性没有什么兴趣，你们就好像是一个战壕的战友。因为他/她要的是一份依赖，两个人在一起的时候，他/她听到看到你在旁边，心里就会觉得特别安全。但是，跟这个人发生点什么关系那就似乎不是很重要了，只要对方在场就行了。

例如有位女性，她有间大房子，但她无法一个人住。于是，她就请了一位朋友过来住，不要朋友交房租，只要朋友每天都在家，能够让她感觉到家里有人在就行，因为她内心中是一个依赖的状态。所以，依赖型关系的特点是浅而不深，因为情感没有办法形成很深的信任。他/她要的只是有个人陪伴，却未必会跟对方有深入的情感交流或肌肤之亲。

依恋关系，
不只是和母亲的关系

既然早期的依恋关系会影响到个体未来的人际交往、夫妻关系、亲子关系，那么，早年的依恋关系，是不是都与母亲有关呢？父亲又是如何与孩子产生情感的链接与亲密感呢？

我们会发现一个现象，那就是孩子和妈妈有着天然的亲近。

从生物进化的角度来看，照顾的功能更多体现在女性的角色上。在远古时代，男性要出去打猎来获得食物，使整个家族活下来，男性常常是不在家里的。但是在现代文明世界，赚钱养家的方式发生了很大改变，女性也能赚钱，甚至比男性赚得更多。那么，在养儿育女的家庭运作上，男性也要参与到照顾功能中去，人们因此发明了"奶爸"这个词。

女性之所以能够和孩子很快形成特别亲密的关系，甚至这种亲密关系会胜于夫妻关系。一个重要的因素是女性体验了两次孕育的过程。第一次是被自己的妈妈生产出来，第二次是她成为母亲生育了自己的孩子。我们的文化中也常常说祖国母亲，母亲的乳汁养育了我，这有一种原初的记忆，孕育的原型。也就是说，所有的人，无论男女都是经由母亲孕育而成长。因此，在亲密关系中，女性比男性会更容易和孩子建立链接。

虽然男性少了一次孕育的体验，但是这种原初的记忆仍然存在，这会在他和母亲的关系中呈现出来，比如说，有的男性会特别地依恋母亲。

有人曾经针对亲密关系话题提出过一个问题，在所有的亲子关系类型中，比如母子、父女、母女、父子，哪一种类型可能会是最亲密的状态？

母子之间，吸引与紧密

弗洛伊德有种说法，儿子是母亲身上长出来的男性生殖器。也就是说，相比母女关系，母子关系似乎会更加亲密。男性被母亲孕育所产生的印记，可能会更加深刻一点，这是男性和女性很不一样的地方。因为女性长大能够成为母亲，她自己有子宫，有乳房，她能够在自己当母亲的时候弥补她的母亲对她造成的一些创伤。比如，有位女性，她在犹豫是否给孩子断奶的时候，出现特别严重的乳房疼痛问题。后来才知道，她还是婴儿的时候，她的母亲突然给她断了奶。这个例子说明，女性在成为母亲的时候，有可能去修复自己早年和她的母亲之间的创伤。男性是没有机会孕育孩子的，因此，母子关系就显得比较特别。

有位男性曾经做过一个奇怪的梦，梦见30多岁成年状态的自己从母亲的阴道里面分娩出来，结果被卡住了。他被卡住之后又回不去。

为什么他会做这么奇怪的梦？原来他家在农村，他出生以后，母亲就把他寄养在城里的亲戚家，希望他从小有个好的学习环境。他按照母亲的设想，努力学习，最后在城市站稳脚跟，有份不错的工作。他还有个弟弟，弟弟当了一辈子农民。虽然弟弟文化不如他，收入不如他，但是他在想起这个事情的时候，就特别羡慕，甚至是嫉妒弟弟。哪怕弟弟只是当个农民，但是弟弟度过了完整的童年，弟弟是拥有母亲的。在成长的过程中，他每想起寄人篱下的童年，就非常渴望回到妈妈的怀抱。于是，他30多岁的时候做了这个梦，和母亲的分离成了他内心中的一个缺憾。我们可以想象，在亲密关系中，他跟母亲的这一层关系是独特的。

鲍尔比在《依恋三部曲》中提到一个很有意思的现象，他们调查发现，那些成年后没有结婚仍然和母亲生活在一起的男性，在母亲去世以后，出现自杀、抑郁情况的比例非常大。所以，母子关系在亲密关系中是一个比较紧密的状态。这个侧面或许能反映出很多婆媳关系问题，婆媳之间的矛盾，就是在于儿子跟妈妈太过于亲密，忽视了自己的妻子。妻子拼命地想把丈夫从他母亲的身边拉开却无能为力。这样，亲密关系就从原来的夫妻关系演变成婆媳大战。其实，核心的问题在于母子关系太过于黏滞。

可能有人持不同的意见，觉得自己与父亲的关系更加亲近，心理是和象征有关系的，讨论类似这种关系的排序，往往是在一个象征层面进行。就像一个放大镜把某一种状态凸显得特别细致。比如，有的男性对女性乳房特别感兴趣，那么我们就会回到原型中来讨论。精神分析学家梅兰妮·克莱茵认为，孩子对母亲最原初的体会就是乳房。因为婴儿睁开眼睛看到的，就是每天吃奶的乳房。乳房的原型就是母亲，婴儿对乳房的兴趣，往往就是和母亲的关系的呈现。

原初关系的印记印刻在心中，由此形成了个体在未来，甚至终身所追求的目标。在现实中也可以看到，有的男性在寻找亲密关系的时候是奔着性关系去的，而有的人则是奔着乳房去的，他一定要找乳房大的女性，不一定是为了性，所以，他会用乳房替代母亲、替代母爱的情形来呈现对母亲的渴望。

父女之间，投向与支持

父女关系的亲密，我们如何理解？我们仍然要从象征层面来理解，因为，很多女性的成长，在象征层面是要变成男性的。

例如，花木兰替父从军的故事，很少有关于母亲的信息，我们只知道她有一个年幼的弟弟和年迈多病的父亲。在现实层面，因为父亲年纪大，弟弟年幼没有办法上战场，她从军是孝顺的表现。在象征层面，家里缺少男丁，花木兰于是把自己变成了男性，包括她在军营里做的各种事情，都跟男性无异。也就是说，她希望成为父亲需要的那个样子，或者是成为父亲那样的人。由此看起来，花木兰是替代父亲的形象从军的。

因此，我们也可看到父女之间的亲密程度，可以让女性想要变成男性。还有一种发展趋势，有的女性也不结婚，就是一辈子跟父亲在一起。比较典型的例子是精神分析鼻祖弗洛伊德的女儿安娜·弗洛伊德，她一直对父亲有强烈的认同，她终生未婚。与她相伴一生的，是她毕生为之付出的精神分析事业，从潜意识的意象来说，或许也是他的父亲。

母亲养育女儿之后，女儿会逐渐离开母亲的怀抱，她投向外在世界的时候，第一个遇到的男性就是她的父亲。父亲既是把她从母亲怀抱里拉走的那个人，又是她遇见的第一个男人。

为什么说在养育孩子的过程中父亲的角色特别重要？因为母爱有时候会有"吞噬"的表现。当你逐渐成了一个小小的独立个体后，你开始东张西望，想去了解世界，探索一切的时候，母亲觉得你是她的。这是母爱的本能表现，就是把孩子"包"起来保护。那么，当孩子形成自己的思想，要去探索世界的时候，父亲就是孩子特别感兴趣的对象。同时，父亲也是帮助孩子离开母亲保护的力量，所以强有力的父亲角色特别重要。因此，当女孩想要离开母亲的时候，她需要父亲的支持。

还有一个很有意思的说法，孩子不敢反抗自己的母亲，是因为怕得罪母亲，是母亲把她生下来养大，但是她不怕得罪父亲，因为父亲是有力量能够接得住她的。这个"接得住"的象征，在现实层面也有个很有意思的表现。父亲和孩子玩的时候，经常会把孩子往上抛，抛的时候母亲可能在旁边吓得花容失色，父亲却很从容地把孩子接住。这种向上抛的动作，可以让孩子感受到父母明显的差异，让孩子感受到父亲"接得住"。

因此，女儿在向外探索的时候，可能更怕得罪母亲，但是她不是特别担心得罪父亲，女儿会更容易投向父亲的怀抱。

母女之间，竞争与亲密

女孩迟早要回归女性身份，就是为人妻为人母。向母亲认同，向女性认同。女孩在青春期来临的时候，她会变得跟妈妈亲密，分享女性之间的话题。你很难想象一位父亲在女儿青春期的时候，还给女儿洗内裤，给女儿买内衣等。通常来说，这不是细心，而是界限上的模糊与混乱。我们常说女儿是母亲贴心的小棉袄，这就反映了母女之间特别亲密的关系。

母女之间的亲密关系中又常常出现一个特别的情况，就是谁超过谁的问题。比如，女儿一定会比母亲年轻，女儿呈现出来的青春活力，会被逐渐衰老的母亲所嫉妒。很多人也许都不愿意去想，也不想去承认母亲会嫉妒自己女儿的这个问题。因此，母女在亲密关系中可以非常亲密，母女大战起来也可以非常激烈。

母女之间的战争，还通过转化的形式在婆媳关系中呈现出来。也许有人会说，婆婆不是亲妈。梅兰妮·克莱茵在客体关系理论中把妈妈分成两种，一种叫作"好"妈妈，一种叫作"坏"妈妈。每个人在成长过程中，父母亲的不好，或者说个人对人生中体验到的不好，都会化身为"坏"母亲这一部分。但是，我们在成长过程中，不能允许内心中"坏"的部分太多，于是就把这部分内容投射出去，把自己的"坏"的这部分放到现实中的某个人身上，一般就是放到接触最多的人——妈妈——身上。

婆媳关系就是这样的一个关系的转化。婆婆会把对自己女性角色的不满转移到媳妇身上；反过来，媳妇会把自己对母亲的不满投射到婆婆身上。为什么几千年来婆媳关系的问题是一个无解的问题，从动力学角度来看，或许她们彼此都需要这样一个"坏"的投射对象。

这就是母女之间亲密关系的特点，既可以是最亲密的，又可能是竞争嫉妒的。这使得她们在性别认同上，互相认同又互相贬低，互相亲密又互相排斥。

父子之间，竞争与欣赏

在母子、父女、母女、父子这些类别的亲密关系中，父子关系被放到最后部分来谈。因为父子关系的残酷程度，曾经被弗洛伊德用古希腊的悲剧神话故事来解读，也就是俄狄浦斯王的故事，用四个字来概括这个故事的内容就是：弑父娶母。

前文提到，母子关系在亲密关系中是第一层的，无论男孩女孩都是由母亲孕育出来，并且由母亲喂养长大的。同时，女儿要离开母婴这段关系，要投向父亲的怀抱。对儿子来说，他可能更矛盾，他可能对父亲不感兴趣，可能会更容易被母亲牵扯，停留在母亲身边。

对儿子来说，他要独占母亲的爱的话，父亲就变成极大的阻碍。这个在古希腊神话中把父子关系描述得特别残酷。当然，这在历史上父子争夺皇位的斗争中也表现得特别多。

俄狄浦斯王的故事还有后续部分，俄狄浦斯知道自己杀了父亲娶了母亲的真相，于是就把自己的眼睛给弄瞎了，他母亲后来也自杀了。虽然这是个神话故事，但也反映出了乱伦的羞耻感。

弗洛伊德借这个故事来描述一个普遍的现象。那就是，很多男性在妻子怀孕期间出轨了。当然，怀孕的时候，他可能不知道生的是男是女。还有个现象是，妻子生了孩子以后，很多夫妻关系出现倒退，非但没有因为生了孩子而增加亲密，反而亲密关系出现了裂缝甚至解体。其中一个很重要的原因就是，妻子的角色变成了母亲的角色。而占领妻子（母亲）乳房的，不再是丈夫，而是孩子。

唐纳德·温尼科特提出一个名词，叫"原初母性贯注"。意思是女性在进入到母亲角色之后，她所有的注意力全部都在孩子这里。因此，她周围的关系，如平等的夫妻关系，上下的父母关系，都被放在了脑后，她只想着母婴关系。这对婴儿来说，当然是成长所需要的。可是对丈夫来说，就会体验到很大的失落感。这份失落感，可以追溯到早期的断奶，甚至是断奶之前他母亲对他的态度。因此，很多男性在这个时候会愤而转向外界，背离他的妻子。同时，他还可能对霸占妻子（母亲）乳房的这个人产生愤怒，但是他没办法说，因为这个人是他的孩子。因此，父亲对儿子有嫉妒、愤怒的时候，他就会有打压孩子的这种潜意识冲动。

在象征层面来说，父子之间是最激烈、最残酷的亲密关系，这种亲密关系的激烈可以达到你死我活的程度。

在一个婴儿观察的录像中，一个半岁左右的孩子努力地爬向母亲，母亲非常热切地想去迎接这个孩子。可是，每当这个孩子要被母亲抱住的时候，父亲就把孩子给拖开。孩子一开始注意力是在母亲身上，后来发现父亲力量太大了，这个孩子在半路上突然转向了旁边的父亲。由此可以观察到，母亲在跟孩子玩的时候，她是减少玩耍的难度。如果孩子爬得很吃力，母亲就走到更近的地方去，让孩子能够更快地爬到自己身边。而父亲是增加难度的，每当孩子要接近母亲的时候，距离又会被父亲拉开。

这个现象也反映出俄狄浦斯竞争中的一个特点。父子关系中不仅仅存在竞争，还有妥协，这个孩子在被拉开多次之后，突然转向父亲，父亲就把孩子给抱起来，开始逗孩子玩。妥协，也就产生了合作。因此，从这个角度来理解俄狄浦斯的故事，它的意义不仅仅是在于儿子要杀死父亲，更多的还是儿子要通过父亲成为男人。

大家可以看到，夫妻有时候吵架的原因就是在于，妻子觉得丈夫把孩子带出去玩，孩子回来就生病了，或者是丈夫把孩子带出去，回来就脏得满身泥。这往往就是父亲对待儿子的态度，他会增加难度，他要增加刺激性，他有很多的冒险活动，这就是男人之间的游戏。回过头来说，父子之间什么样的情况才能达到关系亲密呢？当他们彼此战胜了自己，他们彼此能够团结，能够合作，能够互相欣赏与认同，这个时候他们就实现了真正的亲密。

"稳、黏、作、冷"，
依恋视角下的亲密关系类型

依恋的概念，最早是由英国精神分析师约翰·鲍尔比提出的，主要是用来解释婴儿与其养护者之间，在照顾和依赖的基础上，形成了强烈的情感链接的关系，后来的研究者们将之扩展到了成人之间。

依恋型亲密关系的主要特点是，能和一个人有连续的链接，并且充满了强烈的情感。这也是依恋型亲密关系和照顾型、依赖型亲密关系不一样的地方。强烈的情感，不仅是爱与亲密，还包括爱恨交加、愤怒、嫉妒，等等。

比如，我早年在德国留学的时候，一对夫妇因为打架闹得警察都来了。丈夫一拳把妻子打成了熊猫眼，警察过来问妻子要不要投诉，让丈夫进监狱待一待。当时，大家也都劝这位女性离婚。丈夫临近博士毕业，如果进了监狱，毕业答辩就得取消，为了挽救这段关系，他当晚就熬了一锅鸡汤，还拜托我去敲他妻子的房门。第二天，他俩好得跟一个人似的，我还一口都没喝着鸡汤。多年过后，当时劝她离婚的好几对夫妇都离婚了，他俩还好好的。所以，那些经常吵吵闹闹的夫妇就属于有强烈的情感，虽然你看到他们一天到晚在吵架，但是却未必会离婚。

因为依恋关系中有各种不同的强烈情感，所以成人的依恋关系也分不同的具体类型。第一种是安全型依恋，第二种是不安全型依恋。不安全型依恋关系有 3 个具体的类型：黏滞型、害怕型、回避型。

安全的"稳"

安全型依恋关系最重要的特点就是"不依恋"。

人类的成长发展主要有两种行为模式，一个叫依恋行为，一个叫探索行为。婴幼儿很多的行为都是依恋行为，比如吸吮乳房，拉着父母的衣角，睡觉要摸到妈妈的皮肤等。成年人在外求学打拼，很想回家见到亲人，想回到自己的家里，想翻看儿时的照片，这些也是依恋行为。探索行为，则是孩子想去更远的地方，想去结交同龄的伙伴，也就是他的注意力和焦点更多是放在家庭之外的世界。有的成年人心心念念的，就是想回到自己的家庭，想找爸爸妈妈，动辄就说"我妈说了……"等。

探索行为越多，反映个体的依恋关系越安全。所以，有很多探索行为是安全型依恋关系的特点之一。

特点之二是个体的分离反应不会特别强烈。

有的人恋爱一分手就要死要活；有的人要去另外一个城市生活就焦虑万分；有的人在相亲时就说相亲要以自己原生家庭为中

心；相亲的半径不能超过6公里。由此可以看到，他们都出现了很明显的分离反应。

苏东坡在《水调歌头·明月几时有》道："人有悲欢离合，月有阴晴圆缺"，这就是安全型依恋关系的表现。我们有很好的关系，在一起的时候很愉悦，要分离的时候我也会伤感，但我知道此事古难全。

安全型依恋的特点之三是具有高度抽象的象征能力，能够成熟地面对分离反应，也是成熟的人际关系的表现。比如说，夫妻两个人在一起的时候很好，丈夫和妻子也能尊重彼此有其他的异性朋友，不容易产生嫉妒。他们相信彼此，又能尊重各自的隐私和边界，也相对比较独立，有正常的性生活。

不安全的"黏"

不安全型依恋关系的第一个类型是黏滞型。由于他害怕对方有其他的亲密关系，所以就天天就黏着你、看着你，无论你到哪，他的眼睛都要追踪到你。典型表现就是没有隐私可言，也没有界限可言。你的手机不能有密码，或者我必须知道密码，能随时查看到你手机的各种内容。

有位女士，丈夫晚上回到家后，拿起丈夫的手机，从8点钟开始一条条翻看手机的各种记录，一直翻查到凌晨，而且每天如此。因为她要确定里面所有的内容，都是经得起检验的。平时，就更是要黏在一起。丈夫所有的社交活动，她都要跟着，不能跟着的时候，她会随时打视频电话给丈夫，目的就是查岗。视频电话过来的时候，丈夫就必须开着视频，不管他做什么，哪怕是开会，她必须看到丈夫现在在干什么，和什么人一起。而且，她挂了电话之后，丈夫才能挂电话。

眼里不离人，耳里不离声。这就是婴儿对妈妈的反应，妈妈要是离开了婴儿，婴儿就会感到害怕了，之所以会害怕，那一定是妈妈之前经常离开让婴儿产生强烈的恐慌感，所以婴儿会眼睛死死地盯着妈妈不能离开。这就是黏滞型，在亲密关系中充满了不信任、怀疑、嫉妒、控制。

你如果碰到黏滞型的伴侣，会不会烦？可能你的意识层面会觉得很烦，但有的人恰恰就会找到黏滞型的伴侣来匹配。

像上面这对夫妻，也许有读者会提出疑问，丈夫在这样的亲密关系中受不受得了？是不是因为他们的性生活很和谐，所以夫妻关系还能持续？其实，对于这对夫妻来说，性反而不是特别重要的因素。妻子其实是拒绝和丈夫有性行为的，他们俩早已分房睡。但是丈夫有个动作让妻子特别抓狂，常常是妻子起床要准备去上班的时段，丈夫就赤着脚穿着内衣裤，爬到妻子房间的床上去睡觉。丈夫的说法是，妻子起床后被窝还是热的，他睡在这里很舒服。妻子抓狂是因为丈夫过来的时候打赤脚不穿鞋，而她有点小洁癖。

为什么这对夫妻会匹配？丈夫爬到妻子的床上，不是为了亲热与性；妻子天天查岗丈夫，也不是因为亲密和爱。从这些互动的细节可以看到，这是婴儿式痕迹的残留，他们不像成年的夫妻，更像是孩子找妈妈的表现。所以，这一对夫妻就是黏滞型依恋的亲密关系。

不安全的"作"

不安全型依恋关系的第二个类型是害怕型，它还有另外一个很有意思的说法，叫逃跑新娘型。也就是，他其实特别渴望跟对方有亲密关系，但是一旦亲密关系发展到某个特定的状态时，比如说要结婚了，他就开始各种"作"。典型的表现是，只要关系往好的方向更进一步，他一定会想办法破坏或逃跑。

有位男性在新婚之夜，和妻子正发生性关系时，他忽然出现了严重的反应，然后拒绝和妻子发生性关系，甚至连看都不能看他妻子一眼。他对进入亲密关系产生了恐慌感，原因是亲密关系激活了他早年被抛弃的创伤，出生后的第四天，他就被父母抛弃了。所以，他无意识中有个想象，就是发生性关系会伤害到孩子，也就是早年那个被抛弃的自己，因此他在性行为进行到一半的时候就停止，然后两年的时间不能见到妻子。

害怕型亲密关系的结局往往是分开，而不是更加亲密。

因此，他们会不断地"作"。关系一旦变得更亲密就要开始吵架，"你是不是不爱我了，你现在说话的语气就是不耐烦了。"所以这类亲密关系的特点是，明明拿到一手的好牌，最后却打得稀巴烂。他们常常会把一段好的亲密关系毁灭掉，然后又从头再来，如此反复。

因为在他们的内心中，亲密关系的模型就是如此。父母可能这一刻对他很好，下一刻吵架就又不理他了。

早年我接触过一个案例。有个4岁男孩在幼儿园频繁地朝他人吐唾沫，晚上回家就做噩梦，总是梦见有妖怪来追他。详细了解才知道，孩子的母亲在怀孕的时候就和丈夫闹离婚，离婚之后独自抚养孩子，母亲没有再婚，也很爱孩子。但是这个孩子有个特点，就是跟他的父亲长得像一个模子里刻出来一样。所以这位母亲看到孩子就会想到前夫，再想到和前夫的各种不愉快，就气不打一处来。但自己又很爱孩子，他是自己唯一的孩子，也很讨妈妈的欢心。

最初那两三年，妈妈心情好的时候对孩子特别好，心情不好的时候，一看到孩子又想起前夫，有时候就会打孩子，还把他放到屋外去。所以，这个孩子就特别害怕，他做噩梦就梦见有妖怪在追自己，妈妈就站在旁边不管自己。

父母对待孩子的态度，会导致孩子形成不安全型的依恋关系，孩子今后在亲密关系中体现出来的就是这种害怕型。

所以，当他建立亲密关系的时候，就会无意识地"作"。哪怕亲密关系很好，哪怕他的意识层面也希望这么好，但是内心总有一种不安全的感觉，于是他就会开始搞破坏，一定要把亲密关系给"作"坏，这才是他们熟悉的味道。

不安全的"冷"

不安全型依恋关系的第三个类型是回避型。回避型依恋关系的形成是由于儿童时期，父母很少和孩子有眼神、言语、肢体的接触，或者父母干脆就不在家。因此，孩子形成的关系印象，就是疏远的、冷漠的，没有皮肤接触的，他们在建立亲密关系的时候，常常会有沉重感，因而他们会回避亲密关系。

比如，在父母年龄大或生病的时候，子女通常是要去照顾他们的。有的子女，可以提供经济支持，可以请保姆，也很愿意花钱买各种药物、保养品。但就是有一件事情做不来，他们很难和父母有躯体的接触，比如搀扶、清洗、按摩等，也不是不孝顺，但就是做不到。

有位女士跟我讲了一个梦。梦中的她穿着性感的泳衣在游泳。游泳的过程中，泳池旁边出现了一位老太太，扔给她一件旧式的棉袄，套在了她身上。因为棉花浸水后很重，很危险，她就挣扎地爬到泳池边。

我问她梦中老太太是谁，她想起了她的母亲。接着又想起了前几天的一件事，她80多岁的母亲走楼梯的时候滑了一下，她上去扶。在扶住母亲的那一刻，她全身突然就起了鸡皮疙瘩，内心也产生了特别厌恶的感觉。

她在1岁的时候，被妈妈送到老家生活。几年以后，她被接回到父母的身边。在老家农村，爷爷奶奶对她很好，她也过得很自在。回到城里后，一直在城里生活的姐姐就看不起她，说她是乡下来的丫头。因为在农村生活的那几年，她的口音、皮肤、衣着打扮都显得土里土气，她的姐姐就总是贬低她。母亲也很少能关注到她，因为她被接回城里没多久，父亲就得了肝癌，母亲要在医院照顾父亲。她等于同时失去了父亲和母亲的关注。虽然现在她和母亲一起住，但却没有什么情感的交流，母亲也拒绝跟她谈一些过往亲密的事情。所以，她和母亲的关系就特别疏远，甚至有怨恨的情感。

我们常说女儿是妈妈的贴心小棉袄，棉袄就象征着母女之间的亲密关系。棉袄能包裹身体，起保暖作用。这在象征意义上就对应母爱，可是梦中的棉袄是会浸水的，浸水后会变得沉重，还可能把她带到危险的境地。所以，她在搀扶母亲的那一刻，躯体的接触反而让她起了鸡皮疙瘩。也就是，她的梦清晰地反映了她对亲密关系的疏远，而且这种疏远是带有复杂情绪的。

总之，依恋型亲密关系包括有安全型和不安全的黏滞型、害怕型和回避型。如果用一个字来形容的话，我们把安全型叫作"稳"，黏滞型叫作"黏"，害怕型叫作"作"，回避型的叫作"冷"。"稳、黏、作、冷"，是依恋型亲密关系中常见的四种类型。

前文提到过另外两个层面的亲密关系类型，分别是照顾层面和依赖层面。这三个层面的关系不太一样。依恋层面的亲密关系包含照顾和依赖。但是，照顾并不一定产生依恋。比如，保姆对你的照顾、医生对你的照顾，你可能会忘记这段关系。但是你不容易忘记依恋型的亲密关系，哪怕这段关系是不好的、带来创伤的，你也会记得。因为依恋型的亲密关系充满了情感。

我们为什么会
找到现在的另一半？

前些天看到一则新闻，一位男士看到邻居夫妻在吵架，丈夫想动手打妻子，这位男士看不下去，就去拉开准备打人的丈夫，可正在气头上的丈夫根本不理会。于是，这位男士就用力把暴怒的丈夫按倒在地，谁知道妻子一看，发现有人在"欺负"自己的丈夫，就随手抄起凳子甩了过去。

什么样的亲密关系是你熟悉又习惯的？

有时候我们可能不理解，明明看到的是夫妻之间吵架或打架，看起来是他们夫妻关系不好，是丈夫和妻子有矛盾。可是，这对吵架打架的夫妻，他们的婚姻说不定可以维持一辈子。就像前面提到过我在德国留学时遇到的一对夫妻，丈夫把妻子打成了熊猫眼，第二天他们就好得像一个人似的，当年劝他们离婚的人多年后都离婚了，而他们的婚姻却还维系着。这不禁让我思考，也许吵架就是他们的某种交流方式。

那么，他们为什么会走到一起呢？或许，我们可以试着用亲密关系的类型来理解夫妻之间的匹配度。

比如，一个吵吵闹闹的家庭，父母观点意见不一致，一言不合就开吵，在这个家里经常听到的是各种吵闹的声音，会发出各种的声响。那么在这样的家庭中，孩子可能就习惯了有吵闹的关系，熟悉了有争吵的环境。也就是说，很有可能这个孩子在未来的亲密关系中，也会制造各种吵闹的声响。如果他处在一个安静的环境下，他可能是不习惯的。

这就是说，如果一个人小时候习惯了吵架的声响，他在发展亲密关系的时候，就会去要寻找一个能够让他听到这些声音的人，能够给他带来潜意识中熟悉感觉的人。

举个例子，有位女士，她父母都是知识分子，但是整个家庭关系比较疏远，也就是回避型的关系。她家里有一个特点，就是没有人洗碗。盛过饭菜的碗就堆放到水池里，一直堆到碗柜的碗用完了，那下次要用的时候怎么办呢？要用的时候就临时从水池拿一个起来冲洗一下，家务也没人做。父母就像比赛一样，忙着写各自的论文，进各自的房间看书，也没有什么交流，家里显得特别安静。所以她在内心中就觉得人与人的关系就应该是比较远、比较冷。

后来，她念大学的时候谈恋爱了，去了男朋友家做客。男友家里是多子女的工人家庭，吃饭的时候大家就凑在一起，你一言我一语地说个不停，说话声、咀嚼声、碗筷声，特别热闹。这个时候，她内心中又觉得这才叫家的感觉，很温暖，很有家的味道。就在这一刻，她决定要嫁给这个男人。从心理层面来看，她实际上是嫁给了这个家庭，她希望自己也能有这样的家庭。

结婚以后，她就真正进入到这个家庭了，这时候她就发现男方的家庭关系特别亲密。甚至可以说是亲密到好像没有了界限，这又让她特别不适应。他们结婚以后没多久，就出现了很大的矛盾。这个矛盾在她看来是无法调和的矛盾，因为男方家里没有界限，什么东西都混在一起用，什么隐私都是公开的秘密。

这位女性最终选择了离婚，就因为在她的内心中已经习惯了无声的世界。虽然她在现实中找到的夫妻关系是一个让她感觉特别羡慕和向往的关系，但是真正生活在一起的时候，却是不匹配的。因此，一个人有可能会找一个拥有和自己亲密类型相反的人，但是这未必就是他真实想要的。

为什么吵架的夫妻不离婚？

为什么吵架的夫妻不离婚？很有可能来自个体小时候长期经历父母吵架的环境，虽然父母吵架是不安全的，但这又是自己非常熟悉的节奏，所以这是很悖论的状态，叫作"不安全的安全"或"不稳定的稳定"。

这在害怕型的依恋关系中常常能够见到。有个女孩告诉我，她从小到大父母一直在吵架，当遇到一个对自己很好的丈夫时，她经常会有不真实感。于是，她开始把关系朝着自己熟悉的方向发展，三天小吵五天大闹，各种"作"。在那个时候，她在潜意识里才会觉得这是自己熟悉的感觉。虽然她吵架了，但是觉得心里很踏实，丈夫跟自己吵架是潜意识中很熟悉的感觉，说明丈夫很在意自己。如果不吵，她就开始产生怀疑，这是一个特别奇特的悖论，但是在现实中屡见不鲜。这就是早年的依恋关系，可能会影响到个体未来亲密关系匹配的发展方向。

同样地，有的婚姻看似有诸多问题和不满，但就是离不了，这很有可能是因为依恋模式是匹配的。虽然你有很多不满，但对方恰好有你需要的东西。有位女士对自己的丈夫非常不满，她的婚姻是父母亲安排的，丈夫也不是她喜欢的类型。她的丈夫来自一个特别贫困的家庭，虽然学历很高，是大学里面的博士生导师，但特别省钱。她丈夫每天捡很多废纸或街上派发的小册子回家，堆积成山后拿去当废品卖几块钱。她很生气，也无法理解。她最反感的一件事情就是，丈夫上完厕所后从来不冲水，他怕用水，常常是等大便小便堆在一起才愿意去冲水。她上厕所的时候，丈夫会在厕所门口守着，他等老婆上完厕所后，上去小便才冲水。

这位女士的丈夫出生在一个特别贫困的家庭，从小就缺衣少吃缺少照顾。因为从小缺少这些部分，他的内心就会有一种特别的渴望，无论什么东西都想留起来，所以他最在意的就是物品的功用。他如果要冲厕所，他就要先洗澡，把洗澡水囤积起来冲厕所，如果没有的话，他就等有大便小便一起再冲水，完全不考虑妻子的感受。丈夫和她也没有任何情感的交流。因此，丈夫和她之间是个照顾层面的关系，还没有形成依恋层面的关系。她在家只要负责做好饭，其他的都不用管。丈夫就是每天上班下班，也不依赖她，是个极其无趣的人。

我问这位女士，为什么能够跟她的丈夫生活那么长时间。她的理由是因为丈夫听话，每个月的工资一分不少全部上交给她，她掌管着家里所有的钱，她在家里有绝对的控制权。虽然丈夫很无趣，但是她说什么丈夫就去做什么。由此可以看到，这位女士有很强的控制欲，为什么她需要控制？因为她的父母就有非常强的控制欲，她的婚姻都是父母安排的。她跟父母亲的关系是黏滞型的，因而她会在她的亲密关系中匹配一个能让她很好控制的人，哪怕这个人有很多让她不满的地方。

所以，我们为什么会找到现在的另一半？或许，这是我们每个人都需要好好去思考的部分。

是门当户对，
还是创伤匹配

伴侣之间的亲密关系是否匹配，取决于个体自我的人格结构。自我人格结构的形成，则源于养育者与孩子之间的关系。

亲密关系的创伤匹配

有的父母在养育孩子的过程中，经常不满足孩子的需求，或者是批评孩子、贬低孩子，久而久之，孩子内心中就会形成一种挫折感。后来在发展亲密关系的时候，他就会奔着两个方向去发展，一种是习惯性地找个人来贬低自己，另一种是习惯性地找个人来满足自己。

我们先说第一种方向，习惯性地找个人来贬低自己。这种现象在很多夫妻关系中会呈现，比如，关系中的一方总是弱势，或呈现出受虐的倾向。

有位男士打麻将赢了，就非常开心，把女友夸得天花乱坠。如果输了，他翻脸比翻书还快，劈头盖脸地指着女友骂，让女友滚一边去。这个女友后来就变成了他的妻子，也就是说这位女士能够在这样的亲密关系中停留，这份亲密关系显然是有点施虐和受虐的味道。更严重的是，有的夫妻关系中还会出现家暴现象，有男的打女的，现在妻子打丈夫也不在少数。这就是挫折性的父母让孩子长期体验到挫折感，这个孩子在未来就可能会发展出让他继续受挫的亲密关系，叫挫折性关系。

也许，外人看这对夫妻的关系时，觉得是失衡的，是不匹配的。可是，他们白天吵得一塌糊涂，晚上过夫妻生活，床头打架床尾和，关系马上就好了。甚至他们的孩子最初可能都会特别地震惊，孩子觉得妈妈受到欺负了，孩子想站在弱者这一方，结果第二天他们又和好了，这样的关系可以维持很长的时间。这就是亲密关系中的创伤性匹配。

第二种方向，依然是个体在父母身上没有得到满足，总是经历挫折，于是他就去找一个人来满足自己。

有位女士是在重男轻女的家庭环境下成长，父母就特别厌恶她的性别，总是贬低她是个女孩，她在家里面从来没有得到很好的对待。虽然她长得很漂亮，但是她从来不认为自己好看。她的丈夫，从大学开始就一直在追求她，对她特别地呵护和照顾。她自己说，简直是不敢相信，一度怀疑这是不是真的，自己是不是配得上。哪怕到了婚礼上，她都在怀疑对方是不是骗子，背后是不是有重大的阴谋。

她嫁给丈夫以后，公公婆婆对她也非常好，就像对待亲生女儿一样。就这样，她在恋爱和结婚的过程中，由于丈夫的整个家庭对她都特别温暖和照顾，她自我的人格结构就受到了影响，她对自己的认知和对人生的看法发生了改变，原来是可以有这样一种亲密关系的。

这种关系就叫兴奋性关系。她渴望得到爱，并且也得到了很多爱，所以挫折性关系变成了兴奋性关系。

我们回头来想，为什么她的丈夫能够持之以恒地给她那么多的爱与照顾。如果我们把内心想象成一个容器的话，也许丈夫在自己家里得到了太多的爱，他内心的爱已经盛得太多太满，他急着要把爱转出去。因此，他对他妻子的爱，一部分是来自爱情，一部分可能是来自家庭的爱，因为盛满了，盛不了了，所以他一定要找个人去接住，而他们的夫妻关系就正好匹配上。

这个例子表明，夫妻双方亲密关系的匹配，是根据他们早年各自父母与他们的关系所产生的人格结构而匹配的。

精神分析师罗纳德·费尔贝恩认为，孩子与养育者之间的关系，是人格发展中最重要的因素。成熟的人格结构，会让孩子拥有一个中心自我，中心自我对应的是理想客体。如果父母的养育是孩子所需要的，就能成为孩子的理想客体。孩子就会依照这个模型，发展出成熟、安全、稳定的亲密关系。

如果父母做得不恰当，就会形成兴奋性客体或挫折性客体。

兴奋性客体

什么是兴奋性客体？

由于各种环境因素的影响，有的父母从小可能就存在着某种匮乏感。他们总担心孩子吃得不够穿得不暖，就给孩子喂很多食物，穿很多衣服；他们总担心孩子的身体健康，就给孩子吃各种营养品、保健品。这类父母担心没照顾好孩子，总是给孩子很多东西。

费尔贝恩对此给这样的父母一个名词——兴奋性客体，也就是父母总是不恰当地、错误地满足孩子的需要。比如，在孩子睡着时，他们把孩子逗醒和孩子玩；孩子吃饱后，他们跟孩子说很好吃，多吃几口。久而久之，孩子就变得不易入睡或吃得很多，因为他/她有总是来喂自己、逗自己的父母，于是他/她就总是处于亢奋状态，欲望特别强，严重时甚至会变得躁狂。

在这样的家庭氛围中长大的孩子，会变得特别地贪婪，想吃、想买、想要周围环境所有的东西。于是，亲密关系中就会呈现出兴奋性的伴侣。一个不断地索要，一个拼命地满足。这种给和要的亲密关系，不仅在影视作品中体现为提款机与购物狂，还体现在伴侣对彼此饮食起居的照顾上。

有一对夫妻，丈夫特别喜欢做美食，但是他自己不吃，他看着老婆吃，就心满意足了。所以他老婆说："不是我想变胖，是他整天给我做好吃的。"

我还见过临床上有这样的一个案例。妻子是贪食症患者，经常有进食的欲望。结婚之后，妻子每当在非正餐时间又想要吃东西的时候，她就让丈夫去吃。丈夫很爱妻子，于是吃了妻子给的食物，丈夫最后吃成了一个胖子。

这是临床上非常典型的例子。妻子内心中存在一个兴奋性客体，也就是她的父母可能对她有特别多的要求。这里说的兴奋，不仅仅是给吃的、给用的，而是在于父母对孩子的满足和兴奋度不是针对孩子的需求，而是以自己的喜好为标杆。父母的兴奋激活了孩子的兴奋。

这个孩子在今后的亲密关系中也会处于一种兴奋状态，即兴奋性自我。这种兴奋的状态可以表现在各个方面，比如说吃和购物。有的人吃东西吃得停不下来，没过多久又想吃。有的人不停地买买买，买回来的东西可能都用不着，但是还是继续买。在他们内心中，其实买什么东西不重要，重要的是停不下来的买东西欲望。所以，兴奋性自我的特点，就是不能消退、无法消退。

除此之外，还有性的兴奋，也就是个体在亲密关系中会让自己有特别多的性活动状态。在伴侣关系中，有的人的性愿望一旦被激活，似乎就停不下来。

因此，在兴奋性的伴侣关系中，一方贪婪地要，一方拼命地给。这两者之间就恰好构成一对匹配的亲密关系。我们不能简单认为那些疯狂买买买的人就是拜金，也许他/她正在满足成为兴奋性客体角色的愿望。

挫折性客体

和兴奋性客体相反的是挫折性客体。

父母总是不理孩子。无论孩子有什么需求，父母都不满足，甚至是贬低、指责和打骂孩子。在成长的过程中，孩子内心就充满了各种不被允许、不能获得和不满意。

费尔贝恩把这类的亲密关系称为挫折型关系，父母就是孩子的挫折性客体。孩子的内心会形成一种挫折性自我，他总是觉得自己是不配的，自己是不该得到的，自己是不够资格、没有价值的。

我记得有位来访者，我给他倒了一杯茶，但是他一直没喝。多次治疗以后，他告诉我当时他为什么不喝这杯茶，因为他觉得自己不配让治疗师倒茶，所以他都不敢动。要是他碰了杯子喝了茶，是对治疗师的不尊重。这就是挫折性自我在关系中的呈现。

如果一个人的内心充满了挫折性客体，在以后形成的伴侣关系中，他可能会出现两种状态。

首先，是自我贬低。贬低到什么程度？像张爱玲所说的，低到尘埃里去。也就是在亲密关系中，无论怎么去贬低他、压榨他，甚至是虐待他，他都逆来顺受。这就是小时候形成的关系模式，他觉得这样才是对的，才是熟悉，才是自己配得到的。这也是之前提到的一个特别让人心酸的词，叫"不安全的安全"。他觉得听到了贬低指责自己的声音，才会觉得安全和熟悉。

有位学员说过一个很心酸的场景。她说，早上起来后，如果父亲打她一顿，那这一天她都会过得很舒服。为什么？因为她的父亲酗酒，经常在凌晨喝得醉醺醺地回来，然后在家摔东西、打人。她小时候常常是睡着了，莫名其妙就被父亲拎起来打一顿。于是，她就产生了这样的想法，既然每天挨打是必然的宿命，那干脆一大早打完就好。就像上班打卡一样，一大早打完了，父亲就不会再打自己了，因为已经完成了打卡仪式。

挫折型亲密关系中经常会出现特别不对等的状态，外人看起来，他完全是被虐待、被贬低、被责骂，是不应该有的状态。可是，他们的关系能够一直持续下去，周瑜打黄盖，相互配合得很好。

自我贬低是在关系中低到尘埃里去，个体在关系中永远是一个受虐、打压、被指责的状态。假如说他遇到一个不想虐待他、不想打压、指责他的伴侣，那会怎么样呢？

他可能会因为不习惯，然后出现各种"作"，以此勾引对方来和自己吵架。一段关系好到让他怀疑人生，这反而让他产生了不安全的感觉。所以他会无意识地通过各种"作"来让对方生气，以找到自己熟悉的味道。这像前面提到的不安全依恋模式中的害怕型。夫妻对彼此爱的渴望，可能也会被恨和拒绝所掩盖，这导致今后的亲密关系总是充满着战争和硝烟。

有一些家庭早年关系不太好的人，内心是想去找一个来自原生家庭关系好的人。但他总是不知不觉中又找到一个有一样或相似家庭关系模式的人。很多夫妻或情侣之间闹分手，彼此折磨、施虐受虐，都是原生家庭关系的重复。所以，问题在于你是不是能够真正地觉察到你的关系是有问题的，你有没有决心去发现它、改变它，以及你是以什么样的方式去改变的。

夫妻治疗里还有一种说法，就是"couple as one"（夫妻为一体）。也就是说，夫妻关系是夫妻双方共同营造的一份关系，他们在婚姻中，可以逐渐发展出核心家庭的风格，和各自原生家庭的关系就渐行渐远。这意味着，夫妻双方的自我可能在婚姻关系中都得到成长。但是，如果个体总是带着原生家庭的痕迹，就很难形成新的核心家庭风格。比如，丈夫总是说我妈是如何说的，妻子一生气就跑回娘家告状等，双方都带有原生家庭的影子，双方的自我并没有在关系中得到成长，只不过是在亲密关系中重复了原生家庭关系而已。

第二章

亲密关系的性与爱

从心身视角，
看亲密关系的模式

亲密关系的原型是母婴关系。如何从心身的视角来理解亲密关系的原型呢？

先说个数学问题。负数是数学用语，比 0 小的数为负数，比 0 大的为正数。

假如把皮肤当作临界点的话，没有皮肤接触的距离就是正值，比如两个人保持 1 米的距离，有皮肤的接触就是零距离，如果进入到皮肤，距离就是负值。以此为基础，我们再从心身的视角来理解母婴关系与夫妻关系的几种状态。

融合

在生命早期，胎儿在母亲的子宫中被孕育，被母体所抱持，胎儿和母亲形成一种融为一体的结构。用上述的数学思维来理解的话，胎儿被包含在母体子宫的状态就是负值。负值意味着一种融合状态。从象征层面来说，两个人就像是一个人似的，他们的认知、情感、行为或态度都融为一体。

例如，有一对夫妇，结婚了好几年，却基本上没有夫妻生活。每当丈夫和妻子发生性行为的时候，妻子就疼得一塌糊涂。

妻子做了身体检查，医生发现疼痛有生物性的因素。这位妻子的处女膜增厚，也就是民间俗称的"石女"。可是，经过手术处理后，他们仍然不能完成夫妻生活，发生性行为的时候妻子依然觉得很疼。那么，这对夫妻这几年到底是怎么过的呢？

在这几年的时间里，妻子每天要到凌晨3点才能睡觉。因为她有强迫洗手的特点，每次洗手要洗2个小时，洗完手以后才能去洗澡。但是她洗了手以后，就不能再去碰其他东西了，否则又得洗手。所以，她就把手举起来，像外科手术医生一样，两只手高举在胸前，一副手术消毒后不能再碰其他东西的标准姿势。妻子就保持这个姿势，让丈夫来给她洗澡。洗手加上洗澡，基本上每天都要忙到凌晨。他们基本没有夫妻生活，但是却每天给对方洗澡、擦洗身体，在一起磨蹭很长时间，皮肤接触很长时间。因此，这是一个融合状态的夫妻关系。

共生

胎儿成长发育成熟后会从母体中分娩出来，虽然婴儿离开了妈妈的子宫，成了独立个体，但是他仍然被妈妈抱在怀中。这时，融合的状态就转变成共生的状态。

有位母亲说，她想给孩子喂奶喂到三岁，原因有三个。其一，她和丈夫夫妻关系不好，很少睡在一起，孩子就可以作为挡箭牌。其二，孩子在吸吮母乳的过程中，她有性快感，她很享受这种快感。其三，她看到孩子完全依赖她的时候，有一种当母亲的全能感觉。她的第三个理由正好说明，婴儿需要母亲，母亲也需要婴儿。正如温尼科特所说："没有婴儿这回事。"看到婴儿，就会同时看到照顾婴儿的妈妈（养育者）。共生的意思是，我需要你，你也需要我。这种共生，更多的是心理层面的共生。

共生状态下的夫妻关系有什么表现呢？

例如，有位男性来自母爱特别浓的家庭。成家之后，他只要碰到重大事情就全部逃开。他不是不能做，也不是不会做，他就是习惯性地逃开。甚至他自己的事情，单位的某些事务，也让妻子来帮他处理。这是他发展出来的亲密关系模式，就是找一个"妈"来继续照顾自己。妻子在帮丈夫处理各种事情的时候，也是无怨无悔，甚至很享受照顾丈夫的状态。她觉得丈夫是个工科男，这也不懂，那也不会。因此，所有的人情世故都是由她去打理，全部的家庭事务也是她来操持。虽然妻子也感觉到丈夫的确像个孩子一样，但是她也很享受。这位妻子虽然在夫妻关系中扮演了照料者的角色，但是她内在很和谐，她很愿意，也很享受。所以，他们的夫妻关系更多的是一种共生的状态，彼此需要，相互依赖。

在共生状态中，婴儿和母亲的距离是零距离，是一种既分开又没有离开的状态。同时，在这个阶段，孩子和母亲有了各种各样的心身互动，每天拥抱在一起，喂奶、抚摸、亲吻、擦洗等。这些就构成了个体今后在寻找伴侣和进行性行为时行为模式的基础。

也就是说，皮肤接触很有可能还原了母亲和孩子共生关系中的心身互动。心身互动中非常多的信息是通过皮肤这个器官来传递的。传递一些什么信息呢？有亲密、舒适、信任、界限，还可能有性暗示的感觉，这些都通过皮肤接触，形成了这样的心理表征。由此，这些也就构成了个体今后在夫妻关系之间的心身语言与活动。

融合、共生与分离，
亲密关系的连续谱

婴儿逐渐长大，慢慢地，他可以抬头，背阔肌开始发育，他可以爬了。俗语说"七滚八爬周会走"，也就是说孩子在半岁以后开始有了某种能力，能够让他想要离开母亲向外探索。婴儿的心理层面开始了和母亲的分离。

这种分离，是渐变式的分离。也就是说，从共生状态到分离状态，它中间有了更多的变化。比如说，孩子能爬能走了，他可以离开母亲的怀抱了，但是他仍然需要母亲作为他的安全基地。

分离与边界

儿童精神分析师玛格丽特·马勒认为，儿童躯体和认知的成熟，与母亲发展心理融合和分离的关键功能之间，存在复杂而强大的交互作用。她将这一跨越过程定义为"分离－个体化"阶段。

马勒相信人类的人格发展开始于和另一个人之间的心理融合状态中，然后慢慢进展到分离的心理过程中。马勒的模式所诉诸的是暗示最早的人类存在状态是一种连结、依附、结盟关系。

　　在分离的状态下，家庭环境的抱持就非常重要。这个时候，父亲的角色就起非常重要的作用。因为整个家庭的环境是由父亲、母亲与孩子共同组成。为什么这个时候父亲的角色很重要，因为有时候母亲在潜意识中会呈现对孩子的吞噬，不允许孩子分离出去。父亲的角色，就是把共生黏滞的母子关系扯开。如果母亲在产后存在抑郁或过度焦虑，也需要有个人来支持她。因此，父亲角色的加入，能够让母亲更好地抱持孩子，让孩子更好地完成独立的分离状态。

　　完成独立与分离，就是为了建立边界。

　　我们在养育孩子的过程中，也会有很多现实的行为，使孩子的边界感逐渐地建立起来，比如说给孩子洗澡，与孩子分床、分房睡等。举个例子，妈妈会和女儿说，不能再让爸爸帮忙洗澡了，要自己洗澡，或者是让妈妈、奶奶帮忙清洗。哪些是属于身体的隐私部位，在什么情况下能被看能被触碰，哪些人是不能随意触碰的等。这些就是在现实的行为中建立的界限，也会帮助孩子形成心理边界。同样，我们也会发现，很多的现实情况会影响个体边界感的建立。比如，妻子跟孩子睡，丈夫睡到另一个房间；孩子比较大了，夫妻俩仍然和孩子睡在一起。

　　个体早期能形成心理边界，在未来的夫妻关系中，他也能保持相应的独立与边界。

　　有个女大学生在大学阶段开始谈朋友，总是和别人交往不下去。她很想发展一段亲密关系，但别人都不喜欢她。后来，她发展出某些类似精神病的表现，其中的一个表现是她喜欢看母亲的臀部。

我对这种表现有疑问，她过去是怎么看到母亲的臀部呢？无论是蹲厕还是马桶，她都没办法把头放下去看。换句话说，很有可能是她在早期看到了她母亲清洗臀部或上厕所。这就是父母在养育孩子的过程中没有边界感。她在成年后发展亲密关系的过程中，在和伴侣相处的过程中，往往就没有界限感，也看不到对方的边界。这就会产生各种亲密关系的问题与冲突。

这就是从心身角度来理解亲密关系，理解夫妻关系。夫妻关系会涉及性行为，也会有躯体接触。当然，夫妻关系中也存在夫妻各自独立的时间与空间，各自独立的社交圈，这些就建立在心理边界的基础上。因此，我们可以从心身视角来理解夫妻关系的不同状态：融合的、共生的和独立的夫妻关系。

成熟的亲密关系，是融合、共生与独立的连续谱

如果夫妻关系总处于某种固定的状态，这个关系可能就没有成长。如果夫妻关系可以从融合到共生再到独立，这个关系才能成为一个成熟的关系。成熟的亲密关系是两个独立的人能够亲密地走在一起。

　　玛格丽特·马勒细分了"分离－个体化"阶段。对于整合期，即和解期，她提出一个很有意思的描述。幼儿在16～24个月间会出现一种独立与依赖的矛盾心情，既想仗剑走天涯，又发现没有奶瓶不太行。于是，幼儿在内心中就开始整合其与母亲的关系，此时内心的独白大概是：妈妈，我还是需要你的，我会走远一点去玩，但你要看着我，我还离不开你。

　　这种关系状态，也是夫妻关系类型中非常重要的一种。

　　换句话说，如果在夫妻关系中，彼此都特别独立，独立到实行完全的ＡＡ制，各挣各的、各花各的、各顾各的。虽然他们特别独立，有边界，但是往往有时候就少了一些融合与共生的乐趣。

　　什么是融合与共生的乐趣？比如说，大学生恋爱的时候，在饭堂众目睽睽之下，你一口我一口相互喂饭，这就是一种融合、共生的状态。有些夫妻在婚姻中打打闹闹，表面看起来不大好，但人家可以床头打架床尾和。

　　电影《茜茜公主》有这样有趣的一幕。年轻的皇帝和茜茜公主在路上碰到一对吵架的夫妻，丈夫用鞭子抽打妻子。皇帝不允许这位丈夫如此粗暴地对待妻子，于是，他把这位丈夫拉下来，狠狠地抽打他。结果，刚才还被丈夫鞭打的妻子，提起一桶潲水就泼向皇帝，皇帝惊呆了。为什么会出现这么戏剧化的一幕呢？有的时候，夫妻之间就是在加害者、受害者、拯救者的角色之间，形成了一种共生甚至是融合的关系状态。从象征层面来说，他们的打打闹闹，是他们性关系的一种延续。皇帝把丈夫拉下来，就相当于中断了这对夫妻的性生活，所以妻子就提起一桶潲水泼向看似在帮助她的皇帝。

从心理发育层面来说，虽然独立是最高级别的，但是在夫妻关系中，融合与共生却带来最深的体验。无论在经济上、情感上，还是躯体上，夫妻之间总归是有一些融合与共生的关系，因为成熟的夫妻关系状态，就是一个融合、共生与独立的连续谱。

那么，在什么样的情况下，夫妻关系状态会发生变化而走向成熟呢？往往夫妻在生活中遇到了重大事情时，夫妻关系的状态会发生变化。比如，孩子出生、亲人去世、重大疾病、意外事故、离婚出轨等家庭变故。这些重大事情的发生，都可能促使夫妻关系走向解体或变得成熟。

夫妻关系最初都像婴儿理想化母亲的状态，婴儿觉得母亲不会离开他，反过来母亲也认为孩子不会离开自己。但是，当重大事情发生时，彼此之间往往会产生失望，甚至被背叛的感觉，这正是婚姻关系从共生走向分离的过程。

性羞耻，
从生理需求到心理焦虑

在亲密关系中，性是非常重要的议题。如果夫妻治疗不涉及性，夫妻治疗就缺失很多的信息，性对于夫妻治疗是必不可少的内容。在两性的亲密关系中，性是非常重要的媒介。

理解性对亲密关系的影响，首先要从性的功能说起。

性的生理需求与心理需要

性，在人类世界和动物世界有很大的不同。对于动物，它们需要在发情的时候满足生理的需求，性有很强的繁衍作用。动物有特定的发情期，虽然种群中可能只有部分雄性能获得交配权，但是它们几乎能百分之百怀孕，这是为了实现性的繁衍目的。

我们的文化中也有这种体现。比如，"不孝有三，无后为大。"过去这个说法总被强调，意思就是结婚的男女有一个任务，要繁衍后代。人们结婚的时候，常见的一句祝福语，就是早生贵子。一些地方的结婚仪式，会在新人婚床上放上红枣、花生等，这是对新婚夫妇生儿育女的祝福与期盼。因此，繁衍的功能是性的基本功能。

人类的性行为却不仅仅只是为了繁衍。人类和动物在性方面最大的区别，就是人的性活动具有全时性。也就是说，在任何时候，只要环境允许的情况下，人们发生性关系，都有可能导致受孕。同时，我们现在又有了各种避孕的方式，也有人选择丁克的生活，人类已经基本掌控了是否受孕的这个过程。

所以，人类才有了性欲这么一说。也就是，性不仅有生理的需求，也有心理的需要。

性的繁衍功能，对亲密关系有很多影响。比如，现在越来越多的年轻男女出现不孕不育的情况，夫妻双方可能会因为这个原因离婚。有时候，女性可能还会听到一些特别难听的话，比如，被说是"不会下蛋的母鸡"。在重男轻女的环境下，因为没有生出男孩，可能导致夫妻关系问题。

人发育到一定的阶段，自然会有生理的需求，会来月经或遗精。这时人的生理欲望会增加。哪怕是小孩子，也会有生理上的刺激。

3到5岁的孩子处于性心理发展的特殊阶段，这个阶段叫性蕾期。这个时期，男孩、女孩都对自己的生殖器感兴趣，他们会去观察和触碰，有各种好奇。孩子的好奇，不仅是因为生殖器的外形，还有一个因素是生理刺激。因此，在这个阶段孩子就会玩一些"性意味"的游戏，你可以看到这个阶段的小男孩经常会忍不住地用手去抓自己的裤裆。

我听过有个小男孩问妈妈，这个地方怎么就长了一根骨头。他为什么会有这个问题？因为小男孩的生殖器也有勃起的时候，勃起时就变硬了，跟平时情况不一样。

　　同样的，你也会发现，小女孩也有类似的行为，比如说夹腿、夹枕头被子等，有的时候还会出现双腿夹紧满脸通红的状态，这其实就是性高潮的表现。有的时候，孩子表现得不明显，父母亲可能没留意到或者不知道。有的父母知道以后，会很严厉地呵斥孩子，觉得特别丢脸。有的父母就知道，这是一个正常的生理现象。

用去性化的视角看儿童的性

　　临床研究发现，小孩子的性生理刺激与表现，和成人的一模一样。也就是说，如果用电生理技术去分别检测男孩、女孩的生殖器，结果会发现孩子的生理高潮跟成年人的一模一样。虽然孩子并没有发生男女之间的性行为，但是他的体验感是一样的。

　　理解了这一点，就知道幼儿是有性的，而且他们的性，更多的只是对自己身体的好奇和兴趣。所以，小男孩抓生殖器，小女孩夹腿，出现生理刺激带来的快感时，他们不会有羞耻感。

　　因此，孩子对生殖器的刺激所引起的类似于性意味的自慰活动，我们都要以去性化的方式去看待。他们并不理解成年人的性活动，只是单纯对身体好奇和有生理上的兴趣。性最基础的功能，就是满足生理的需求。

有位母亲，在女儿 3 岁的时候，留意到女儿出现摩擦桌腿的现象。因为她自己小时候也有过类似的表现，所以她特别理解女儿的行为，不觉得这是什么问题。当女儿有这些行为的时候，她就用陪女儿玩玩具的方式，让女儿的注意力得到转移。再后来，玩玩具的方式不大能转移女儿的注意力了，她又想了个办法，给女儿讲故事。她给女儿讲了一个带有隐喻的儿童故事，故事的内容大致是说："我们可以小便，但是不能当街小便，应该把门关起来，在私密的空间去小便。"

当她女儿再次出现这些行为的时候，她就问女儿是否还记得那个故事。女儿马上就想起来了，然后就害羞地跑到房间里面去，还请妈妈把那把椅子拿进房间来。这位母亲说，她当时也犹豫了一下，但她还是帮女儿把椅子拿进去了，还帮女儿关上门。

这位母亲允许女儿有探索自己的身体并享受身体快乐的权利。这么做的好处是，孩子的行为没有被定义为问题或疾病，没有被妈妈斥责为"不要脸"。而且，妈妈很好地教育了孩子如何拥有边界感，如何保护自己的隐私。因此，女儿在未来对自己的身体进行探索时，就不觉得有什么违和之处。在未来的亲密关系中，她更能尊重自己身体的感受，也不会因为生理的需求导致心理焦虑。

如果儿童在身体探索的过程中被父母亲斥责，甚至被很严厉地惩罚，那么在成年后的亲密关系中，可能就会对性产生强烈的羞耻感。他们在亲密关系中会对自己的需求感到焦虑，这就容易导致个体出现内在冲突，这当然也会影响到亲密关系。

性代表着亲密，
亲密不一定有性

除了繁衍和生理的功能，人类还有其他一些与性有关系的发展特点，是动物所不具有的。

人类在进化的过程中褪去了大部分体毛，这意味着人类在皮肤上能有更亲密的接触。

有句古话，男女授受不亲。据说，古代宫廷的御医给公主、妃子号脉，要隔着纱帐悬丝诊脉，不能有肌肤之亲。在一般的人际关系中，身体的触碰也是有界限的。像刚刚交往的男女情侣，最初暧昧的时候，可能就是有意无意地碰触，然后是牵手。如果两个人的身体触碰得比较频繁，触碰的部位比较敏感，显然就代表这两个人有比较亲密的关系。有了肌肤之亲，就代表他们的亲密度不一样。这点可以反映出，肌肤之亲代表了亲密，性当然也就代表两性融合的亲密度。

除了褪去体毛，我们露出光滑的皮肤还会因接触方式的不同产生各种感觉，轻触、抚摸、掌压、温度、湿度等。皮肤的接触，能够反映出个体早年的依恋关系。这些接触所带来的感受，很大程度上会发展成我们在性关系过程中的躯体体验。

一个经常被拥抱和抚摸的婴儿，长大后很自然地能够与伴侣发展亲密的皮肤接触的关系。如果婴儿从小很少被父母拥抱，那么长大后建立亲密关系的时候，可能也不习惯这种拥抱。

性，代表了亲密

在夫妻治疗工作中，我遇到这样一种情况。丈夫来自农村，平时不善于表达，和妻子的关系看起来像是一种若即若离的关系。只有在频率很少的夫妻生活中，夫妻间才可能有肌肤接触，丈夫才会表现得稍微主动一点。夫妻生活结束后，双方又变得若即若离。妻子也不明白，就觉得丈夫是个特别木讷、腼腆的人。

可是在夫妻治疗中，丈夫说他从小被奶奶带大，奶奶对他很好，可是他和父母在一起的时间却非常少，父母和他有皮肤接触的时候就更少。他内心中其实是非常渴望妻子能够多抱抱他，但是在夫妻关系中他却不知道怎么表达，所以总是处于特别保守、内敛的状态。当他这么说出来的时候，妻子感到非常吃惊，但她很快就理解了丈夫的状态，也愿意去满足丈夫内心渴望亲密的这个需求。这个案例表明，丈夫缺少亲密感的表达，认为只有通过性才能表达亲密。

还有人认为，只有通过性才能获得亲密感。有的人在发展性关系的时候，目的可能不是为了性，或者不完全为了性，而是通过性来获得亲密感。

举个简单的例子。有的女性发生性行为之前，可能会要求非常多的躯体接触，如拥抱、接吻、抚摸等，或者在性爱之后也希望能继续拥抱。她可能对性生活过程的兴趣不大，但是对性生活前后的亲密需求比较大。这时性好像就成了一个必要条件。有性，才可能有性爱前后的拥抱。同时，她可能又会觉得对方只对性有兴趣，对其他的不感兴趣。因此，妻子就有很大的抱怨，不想再和丈夫过性生活，觉得丈夫只对性有兴趣，性行为结束后，丈夫倒头就睡着，自己就像工具人一样。妻子躺到半夜都睡不着，因为她渴望两个人可以拥抱，在一起聊聊天，甚至她特别享受性生活前后的拥抱。

还有一种比较典型的类型是少妻老夫。

少妻老夫经常给人什么样的印象呢？我们可以看到有些很年轻的女性跟年龄差距比较大的男性结婚，周围人会产生很多猜疑，他们之间有夫妻生活吗？大家可能会觉得这位年轻的女性是奔着对方的财产去的。

但是，很多夫妻治疗中经常出现这样的描述，女性希望在性生活前后有更多的拥抱和抚摸，也有部分女性表示，哪怕是不成功的性爱，比如伴侣可能有性功能障碍，她们也希望事后能有拥抱和依偎的感觉。

换句话说，在夫妻关系中，性起着表示亲密感的作用。但是，亲密关系中却不一定要有性。

亲密，不一定有性

少妻老夫的亲密关系会给人一种联想，这位妻子是否缺少某种代表亲密的感觉，或者是缺少皮肤抚摸。在象征层面上，她缺少的可能是母亲的抚摸，可能是父母的爱。因此，这种无性的亲密关系，或者性生活不多的亲密关系，可能正是这类年轻女性所需要的。

有这样一个案例，女方年纪比男方小很多，男方差不多是接近50岁。被问及夫妻生活时，女方意味深长地看了男方一眼，然后说："他尽力了。"尽力的意思就是说，男性的性能力不足，说不定就是她的目的之一，她真正想要的不是性，而是亲密感。她想要的是被拥抱、被抚摸的亲密关系，这也是皮肤表达亲密感的一个重要表现。在这里，性就变成了建构亲密关系的辅助工具而已。

还有另外一种类似少妻老夫的情况，却是发生在同龄人之间。有的女性跟男性结婚，有正常的性生活不是因为爱情，也不是为了满足生理需求，而是为了产生一段关系。比如说，两个人可以一起结伴、一起逛街，在一起仅仅是为了有个说话的人。

这种情况下，性是作为一个工具。他们结婚有了性行为，就算是发展出了亲密关系，其实是为了获得亲密感。

由此可见，性的作用之一，就是产生亲密关系和表达亲密与情感。亲密关系通过性来呈现很常见，原因是在早年母亲与婴儿的互动关系中呈现出来的亲密性，在成人阶段就扩展为性关系。因此，性是辅助和影响亲密关系的重要工具，但亲密关系却未必一定要有性。

性，让"我和你"变成了"我们"

除表达亲密、获得亲密外，性在亲密关系中还能呈现其他的感受。

性对亲密关系的影响

人类虽然在一年四季都可以发生性行为，但是在亲密关系中却呈现出两种状态。一种状态是性行为比较稀少，有不少年轻情侣虽然住在一起，但性欲不强，鲜有性生活。在很多夫妻治疗的案例中，有的夫妻一年才有一两次性生活，甚至还不成功，体验也不好。他们仍然维持着伴侣关系，其中一个重要的因素就是对亲密关系的需求与获得。

另一种状态是有些夫妻有正常的性欲，却无法表达与满足。尤其对于女性来说，可能存在很多因素不允许女性表达自己的欲望。有句俗语，"女人三十如狼四十似虎"，是说女性的性欲是增强了，变得旺盛了，其实这是正常的生理状态。假如她的伴侣能很好地配合她，那两个人都会特别地享受这种状态，他们的亲密关系会很和谐。但是，我们往往发现这样的现象，在性欲看似"增强"的情况下，女性会压抑自己的感受。比如，有的男性可能性欲没那么强，或是因为身体方面的问题，他可能会拒绝或回避性生活，甚至有的丈夫借此指责、羞辱妻子："你怎么有那么多的性需求，你会不会出轨？"在这种情况下，很多女性就压抑了她们的感受。

这种压抑的感受和经历，可能在女性早年的成长经历中就出现过。有的女性在很小的时候就能够感觉到自己的性欲，而且会感知到性欲带来的愉悦感。同时，她们可能也会非常害怕这种愉悦感被人知道。

以女童为例，我们知道有不少孩子很早就有夹腿、摩擦枕头被子等行为表现，敏感的父母可能就知道，孩子通过这些行为感受到了某种快感。但是，这些孩子可能会感觉到，这些行为在成年人的眼中是不被允许的，是不好的，如果被大人们发现了，她们会感到非常羞耻。于是，女孩的内心可能产生两种焦虑。第一种焦虑是，这种愉悦感太好了，太快乐了，可是自己不能跟人分享。第二种焦虑是，万一失去这种快乐，失去了这份愉悦怎么办？有的女性会由此产生焦虑，也会因此对自己的欲望和需求感到焦虑。

在夫妻生活中，女性就因此产生了严重的抑郁。有不少女性拥有女性正常的生理特质，可以通过性获得快感，但是她的伴侣没有办法与之匹配，她自己又不能表达、不敢表达，或者是不知道怎么样表达。

我们在临床工作中也发现，很多男性的性功能出现障碍，不一定是身体的原因，很多是跟心理因素有关系。这会很影响夫妻之间的感情，但是女性有时候不知道该如何来说明这一点，觉得难以启齿。

举个例子。妻子在大学期间谈过恋爱，但是被当时的男友欺骗，后来就分手了。分手之后她就遇到现在的丈夫，学习好、智商高，情商只能说是有点可爱，但是丈夫对她非常好。她和丈夫第一次发生性关系时进行不顺利，因为丈夫特别紧张。

她有性经验，还有过比较好的体验。她回忆说，当时躺在床上，看着丈夫手忙脚乱的样子，心里想只要丈夫对她好，即便这辈子就是这个样子，她也认了。她能很清楚地回忆起当时的感受和想法。十年之后，在治疗室中，她告诉治疗师，由于这10年来的夫妻生活质量都不好，她忍了十年，她觉得自己当时有这种想法是不值得的。

通过这个案例，我们可以看到，不仅女性的身体在觉醒，女性的自我意识也在觉醒。这也说明性在亲密关系中对双方的影响都非常重要。

性，把"我和你"变成了"我们"

有个关于性的感受的公式，非常准确地描述了性在亲密关系中的影响力，我把它叫作A+B性感理论。

假如A和B分别代表男性和女性在性关系中产生的感受。那么，A+B就可能有以下几种情形。

分别是（1）A+B=A或A+B=B；

（2）A+B=AB；

（3）A+B=C。

第一种情形，A+B=A或A+B=B。无论结果是等于A，还是等于B，其实结果都是一回事。在性关系中，只有一方感到满足，另外一方面没感觉，没兴趣，或者是敷衍状态，就像例行公事，一方在满足另一方的生理需求。比如说，每次发生性关系，丈夫得到满足，然后倒头呼呼大睡，但妻子的感受是不满意的、不尽兴的。因此，结果只是一方相对更满足。

那么，这会对亲密关系产生什么影响呢？

这个公式特别好地说明了在亲密关系中一方对另一方的情绪。比如说，妻子对丈夫失望，她宁愿通过自慰来满足自己，也不想与丈夫发生性关系。就像有位女性所说，如果夫妻生活的感受总是A+B=A，那感觉自己好像变成工具人一样。

反过来的情况也有，有位妻子非常渴望和丈夫发生性关系，可丈夫就是不愿与妻子行周公之礼。她说丈夫曾经试过在炎热的夏季几天不洗澡，找各种借口避开夫妻生活。有一天晚上，她本来要去书房拿东西，打开书房的门就看到丈夫在里面坐着，她的出现让丈夫猝不及防。除了丈夫尴尬的表情，她发现旁边有一堆的卫生纸。她这才发现原来丈夫刚刚是在自慰，她就非常生气，丈夫宁愿自慰也不跟她发生性关系。

同样的，也有不少女性说，跟丈夫的夫妻生活没有感觉，与其和丈夫发生性关系，还不如自慰，知道如何通过自慰的方式让自己获得满足。

第二种情形，A+B=AB。两个人的感觉都比较好，都获得满足。比如说，在性行为过程中，双方配合得比较好的话，可能会先后或同时达到高潮，都能获得生理上的满足。

这容易让我们想到夫妻关系中常见的一个现象——床头打架床尾和。有时候，夫妻之间因为一些事情争吵得很厉害，可第二天他们又和好了。和好的原因，某种程度上是跟性有关系的。因为白天的争吵、情绪和张力，都能够在晚上的性生活中得到释放，于是两个人又重归于好。因此，性，不仅有生理满足的功能，有时候还有表达愤怒和释放紧张的作用，它能修复亲密关系中的裂痕。

还有第三种情形，A+B=C。

我印象比较深的是，有一位女士和我谈这个公式时，她说："我如果爱这个人，我在跟他发生关系的时候，彼此都是全身心投入的，双方都能够达到高峰体验。"这种体验就不仅仅是身体的愉悦，更是一种融合的状态。这就是第3种情形A+B=C的感觉。这不禁让我想起家庭治疗的一种说法：couple as one（夫妻为一体）。最好的夫妻关系状态，当然就是A+B=C的状态，双方彼此相爱，在性方面也非常匹配，而且能够通过彼此达到另外一种满足的境地。

因为，性把"我和你"变成了"我们"。

无论你多特别，
都有"性"福的理由

身体的拥抱，肌肤的接触，性爱的前戏。性的活动中包含了很多亲密的感觉。

这些亲密的感觉，最早来源于母婴之间的互动。妈妈拥抱孩子，清洗孩子，规律地抚触，所有的肌肤之亲，就构成了这些亲密体验和躯体记忆。这是最早的亲密感，一种泛化的亲密体验。

前面的文章中提到过，有的人他们之间的肌肤之亲，喜欢拥抱在一起，但是并不发生性关系。也有的人是通过性来获得亲密感，这种亲密感，也许比性带来的愉悦，更让他觉得"性"福。

所以，亲密关系的幸福与否，有时候也不一定是以性行为作为载体的。

"每个人都有点性变态"

精神分析鼻祖弗洛伊德说："每个人都有点性变态。"他在《性学三论》里提出了"性变态"这一说法，有些人的性，不是以性器官的接触为主要性满足方式。也就是说，性行为可能还不是他最愉悦的状态，比如说恋物癖。有的人可能在成长的过程中，把对乳房的渴望，转移到女性的内衣上。所以他表现出来的，就是对女性的内衣更感兴趣，女性的内衣更能引起他的性兴奋，而他并不需要通过性器官的接触就能达到愉悦。

"性变态"这个词其实是说性形态的变异和反常。但是，"变态"这个词现在变成了一个特别常用的名词。我们在听到这个词的时候，往往会有厌恶和被骚扰的印象，而且这个词常常会和道德捆绑在一起，"性变态"的人被认为道德行为有问题。这其实是被污名化了。

"性变态"作为一种行为的话，听起来可能让人觉得恶心或不舒服。但是，对这些人来说，可能只是他的心理发展中的一个特殊的形式。

举个例子。婴儿在逐渐长大的过程中，有想要摸着妈妈的乳房睡觉的经历，那么这个状态是跟性没关系的。这种亲密体验，也会成为孩子躯体的记忆，他在和妈妈的关系中可以得到满足、安全、愉悦。最主要的是孩子想要跟妈妈有链接的感觉，但妈妈不会一直都愿意，因为孩子会长大，自己也想睡得更自在。所以，妈妈会拒绝孩子，不让孩子继续摸着乳房睡。于是，孩子就开始摸妈妈的耳垂，妈妈仍然会觉得烦，不让孩子摸。孩子就转而开始摸自己的耳垂，也有可能吸吮自己的手指，或者是咬指甲。这些行为，都可以追溯到孩子在婴儿时期对母爱的渴望。

这个行为，在以后可能会出现转化，转而变成个体在夫妻之间的某种默契。所以，有的夫妻会有一些不为他人所知的奇奇怪怪的动作，或者是一些特别的仪式。比如，互相抱着睡觉，枕着大腿睡觉等。我听过一个例子，是妻子要求捏着丈夫的耳垂睡觉。久而久之，丈夫在睡觉的时候，如果没有人捏着他的耳垂，他反而还睡得不习惯。

所以，在夫妻之间，他们可能有些稀奇古怪的行为，但是这些行为恰好是能够让他们匹配在一起，能够让他们增进"性"福和亲密的，并不一定是我们所理解的性爱所带来的幸福。

父母要有界限感

很多案例给了我们一个提醒，即要有边界。有的父母亲可能就不特别注意，以为孩子很小，什么都不懂。但是，这些都会影响到个体成年后的夫妻关系。

弗洛伊德曾经描述过"狼人"案例。狼人是一位男性，之所以被称作狼人，是因为他做了一个与狼有关的梦，自从做了那个梦以后，他就非常怕狼，得了"恐狼症"。

他讲述了在梦中的一个景象：某天晚上，他躺在床上，忽然窗户兀自打开，他吓了一跳，看见在窗外的胡桃树上，坐着七匹通体雪白的狼，每匹狼都一动不动的，瞪着铜铃般的大眼看着躺在床上的他。于是，他被吓醒了。弗洛伊德对此做了一个解释，他认为这是人类的原初情景。原初情景，就是说孩子在很小的时候，虽然他不懂是什么事，但是某些场景和画面给他带来的刺激和体验，他会深深地记住。

弗洛伊德对狼人的梦的解释是，狼人在小时候可能是看到了父母做爱的情景。因为狼的眼睛在晚上看上去是发光的，而狼人在晚上看到了某些场景，他又不理解发生什么事情。所以他像狼一样的眼睛直直地看着某些场景。弗洛伊德将其称为原初情景。

因此，父母要有界限感，进行性行为的时候需要注意避开孩子。否则，性爱过程的各种情形，都有可能变成孩子的原初情景。这种情境既可以伤到孩子，也可能变成孩子今后的某种动作的重复，也就是"性变态"的来源，并且在亲密关系中呈现。

弗洛伊德定义的"性变态"，或许我们也可以理解为，反映着某种亲密关系的早年记忆的原初情景。那么，关于正常的性行为与"变态的"性行为，我们认为，在不违反法律与公序良俗，自愿的前提下，无论你有多特别，你都有"性"福的理由。

第三章

亲密关系的心身反应

心身反应
与心理防御

　　前文中提到，可以从心身视角看待亲密关系的模式。以皮肤的接触为例，有的夫妻非常亲密地挽着手，有的夫妻走路就一前一后，很少有皮肤的接触。有的人和父母非常亲近，有的人碰到父母的皮肤就起鸡皮疙瘩。亲密关系中常常会出现各种各样的心身反应。

　　要理解亲密关系中的心身反应，要先从心理防御机制说起。什么是防御？

　　举个例子，一个人总是离婚结婚又离婚，或是在准备结婚的时候闹离婚，这种现象就是一种防御。这意味着他可能无法进入到亲密关系，只要进入亲密关系，对他来说就是个极大的威胁，所以他必须以离婚了事。他只能适应不那么亲密的状态，太亲密的时候，他就会焦虑恐惧，因此启动了心理防御，这是在潜意识中的某种固有的模式。

　　从这个角度来理解，防御就是个体在某一阶段，用来适应人际关系和适应社会的固有模式。我们之所以强调是在某一阶段，是因为防御会随着个体的成长发展而发生改变。

　　防御分三类，分别是不成熟的防御，神经症性的防御和成熟的防御。

不成熟的防御又分两种类别，一种叫作精神病性的防御，一种叫作非精神病性的防御。

精神病性的防御

精神病性的防御，就说明带有精神病性的呈现，比如幻觉、妄想，缺乏现实检验能力，等等。所有婴儿在早期都是处于某种精神病性的防御状态。

在刚出生的时候，婴儿会感觉到害怕，对世界没有办法理解和整合，只希望有人能够陪在身边，自己能够活下来，所以他有极大的恐惧。在这个时候，他就会产生一些奇特的想法："世界是我的，世界为我而存在。"以此使自己活下来。一张嘴就会有吃的，一睁眼就有人陪着，这就是一种全能的感觉，感觉自己和世界融合在一起。

想象一下，一个婴儿在半夜突然醒来，发现周围一个人都没有，他开始哇哇大哭。母亲闻声而来把他抱起，把灯打开。这个时候，婴儿才感觉到，原来是有人的。他以为母亲是自己延伸出来的："你看，我一哭马上就有人来抱我；你看，我能够控制这个世界。"这个时候是全能感、自大感产生的时刻，如果哭了半天都没有人来，他就觉得自己糟糕得一塌糊涂，无助感、自卑感就产生了。

因此，婴儿会发展出一个现实和内在世界相结合的防御，通过这种防御来建立内在的安全感。无所不能的原因就是要活下来，只有把自己想象成特别巨大的、无坚不摧的状态，才能活得下来。在这个时候，他既有跟外周融合的感觉，又有融合之后的"我就是世界，世界就是我"的感觉。

但是，我们要以心理发展的眼光来看待防御，因为防御机制就是从不成熟到成熟的过程。

非精神病性的防御

如果说精神病性防御的独白是："我就是世界，世界就是我。"那么，非精神病性的防御发生了改变，独白变成："我是我，你是你，但这个你是坏的，那个你是好的。"这个独白说明婴儿把世界一分为二，分成了好的和坏的。这是在非精神病性防御里的重要表现：分裂和否认。

梅兰妮·克莱茵把母亲的形象聚焦在乳房这个局部客体上，她认为，对婴儿来说，乳房有"好乳房"和"坏乳房"之分。温暖的乳房及时贴近婴儿，让他感觉到既有营养又有温度，这是好的乳房。如果乳房没有及时满足婴儿，或者是婴儿吸了半天吸不出乳汁，又或者是吸出的味道不对，此时乳房就变成破坏性的乳房，是个坏乳房。在早期母亲的形象就是以局部客体的形式所替代的，所以克莱茵就将其描述为"好乳房"和"坏乳房"，也就是"好妈妈"和"坏妈妈"。

分裂和否认往往是一起出现的防御，就像硬币的两面。看到这一面的时候，就看不到另一面，看到你好的时候，就看不到你不那么好的一面。

有这样的说法"天下无不是之父母"，意思是父母也是普通人，也有不好的时候，但这并不影响他们是我们的父母。这当然是成年人完成整合之后的说法。但是孩子不会这样，他们会期待父母是完美的父母，当父母没有满足他的时候，孩子可能会说："坏妈妈，我不跟你玩了。"

这就是典型的分裂与否认的表现。也就是说，孩子把好的妈妈和坏的妈妈是分成两个人来对待的。

另一个常见的防御机制是投射性认同。孩子把"坏"投到母亲的身上，母亲接收信号以后，做了一个动作，这个动作就让孩子认同了自己的"坏"。比如，孩子认为自己是糟糕的，他通过哇哇大哭的方式把"坏"投射了出去，这个行为也引起了母亲的反感。母亲认为这个孩子太闹腾了，认为他是个糟糕的孩子。孩子又从母亲的态度，越发坚信自己是个糟糕的孩子。这就是投射性认同。

投射性认同在亲密关系和人际关系中也很常见。可能总是有些人，或者是他的行为，让你一想起来就烦，总会让你觉得不愉快。因为他就是要让你认同，他投射过来的这种不舒服的感觉，是要让你不舒服，再促使你会把这种不舒服还回去。比如，你会不理他，或者非常激烈地对待他。

见诸行动

在介于非精神病性的防御和神经症性防御之间，还有两个防御是比较重要的。一个是见诸行动，一个是躯体化。见诸行动是指用行动来表达自己，比如说自残、自伤或者伤人。躯体化即不是用行动来表达，而是用自己的身体来表达，表现为出现失明、失聪，身体的各种疼痛，等等。

见诸行动在儿童和青少年中呈现得特别多，因为他们的言语功能还没有完全发展成熟，所以他们用很多的行为来表达自己。孩子出现行为上的问题，往往是跟成长过程的经历与环境有关系的，也就是跟他的家人对他的态度是有关系的。因此，个体的行为背后有象征的意义。

有的人表现出自伤自残的行为，伤口割得非常深，可以一直到肌腱，甚至把神经割断。他对自己的身体不是特别关注，旁人却看得触目惊心。我们的文化中有"身体发肤，受之父母，不敢毁伤，孝之始也。"的说法。身体发肤是受之于父母，毁伤就意味着对父母的攻击。从这个角度而言，身体相当于不是他自己的，他对自己的身体出现疯狂的报复行为，不单是指向身体。在他攻击自己身体的那一刻，他是指向他的父母。所以说这是一种不成熟的防御。

有个案例，一个女孩在小学毕业以后就被家长送到国外去学习。她从初中一直念到大学，看起来一切正常，但是她有自伤的行为。每当她想家的时候，觉得孤独的时候，她就往自己的乳房上割一刀，而且割得很深。现在她的乳房不再有洁白光滑的皮肤，看上去是密密麻麻的交织得像丝织物一样的伤疤。在象征层面，这就是她对母亲发出的攻击。

还有一种自残行为，也是个体用刀划自己，但只要一见血或感觉到疼痛，他马上就停止了。这种情况，往往是他感觉不到自我的存在，他通过疼痛让自己有活着的存在感。这就是用行动来表达意义。前一种是对父母亲的愤怒，后一种是对自己存在感的质问。见诸行动还有一个意义，是跟身体有关系的。比如有人伤心的时候可能会吃特别多的东西，这是通过口欲来让自己感觉到自己是有爱的，这是象征性地给自己一个填出来的爱。

躯体化

躯体化，是用身体来代表自己的想法。比如两个人见面时拥抱，这就是躯体的表达方式。但是，有的人的躯体表达会特别的强烈，她一碰到父母身体就会起鸡皮疙瘩。躯体部位的功能，往往就是躯体表现背后所象征的意义。

例如，一位女大学生回家后无意间看到父母在做爱，而且还是在她的房间里。她次日就出现失明的症状。这是为什么呢？记得有个"四不猴"的图腾，一共有四只猴子，一个捂眼，一个堵耳，一个捂嘴，一个垂手。它象征的是不看，不听，不语，不做。眼睛的功能就是看东西，但有些事情还是不看为好。好比街上发生了一起车祸，最好不要去凑热闹，不好的画面会进入到你的记忆中。因此，孔子说非礼勿视，非礼勿听，非礼勿言，非礼勿动。这些都是用躯体来表达你的意识。

这位女大学生失明之后，大脑、视神经、眼球经过检查都没问题，这说明眼睛的功能是正常的，这是个心因性的反应。那一刻，她把她无意看到的画面所带来的感受和想法完全隔离掉了，就好像什么都看不见似的。所以，躯体化方式是特别具有象征意义的。医院的心身科可以看到特别多有躯体化表现的病人。比如说，有人遇到了一个压力事件，可能表现为头疼或腹泻，这就是压力的躯体化象征表现。

有的时候，躯体化是跟父母有关系的。例如，有位40岁的男性，当上了大队长之后，心脏出现了问题。可是，他的心脏以前一点问题都没有，但是他现在觉得自己可能都快要死了，心跳加快，心慌得要倒下。这个表现是什么时候开始出现的呢？是在他忽然不能当众念稿，不能当众发言了的某一天。他以前当副队长的时候，发言讲话完全没有问题，甚至能侃侃而谈，人际沟通能力是他的强项。可是40岁当上大队长的时候，他就出现了心脏问题。那么，为什么是在这个时候，又为什么是心脏出问题。在咨询中了解到，他的父亲在41岁的时候因为心脏病死亡。而他今年40岁。

顺带再说个有趣的事例，弗洛伊德在40岁的时候失去了性功能，他的父亲在40岁的时候生了他。这有个时间上的配合，弗洛伊德在用这种方式向父亲致敬。向经典电影致敬，这是电影人在电影中经常运用的手法。比如周星驰就在他的电影桥段中，多次出现李小龙的身影。而这个男性在40岁的时候出现了跟父亲去世时一样的症状。所以他接近40岁的时候，开始出现心脏问题。他也在用这种方式向父亲致敬，这是极其有象征意义的。于是，弗洛伊德将躯体化的这种表现称为疾病认同。

躯体化的另外一个特点表现为用躯体去表达冲突，去表达愤怒。所以，在临床中，有人去消化科看腹痛腹泻，到皮肤科看皮炎过敏，到神经科看头疼失眠，可能都不是身体器官出了问题，而是情绪出了问题。所以，现在有些大医院的医生就知道，这类病人可能不是躯体上有多大的问题，而是一种躯体化的转换。背后的动力就是病人通过躯体来说话，用躯体症状表达其内心。

神经症性的防御

　　精神病性的防御是原始的防御，也是婴儿在发展的早期必须拥有的防御。对于神经症性的防御，弗洛伊德则认为我们正常人都在神经症水平上，因为每个人都会在生活中遇到困难与挫折，我们就会由此启动防御机制。神经症水平主要指的是人的理智化过程，也就是能够去思考，用逻辑思维去解释当下发生了什么事，应该怎么应对。

　　理智化的过程中会出现这几种常见的防御：合理化、情感隔离、反向形成、抵消。

　　举个例子，我们在迟到后往往会有这样一些解释："我在路上堵车了，我记错时间了，我因为某事耽误了。"这是我们在迟到后呈现的反应。这些反应启用的防御就属于合理化。合理化的意思是用某个合理的说法把行为加以说明，以此来应对当下的内心冲突。也就是，我不太能为自己造成的迟到事实承担责任，所以用了一些合理的说法来解释。

　　情感隔离与反向形成这两种防御，有时候会叠加在一起呈现。这通常表现在遇到某件事情的时候，个体表现出没有情感反应，或者是表现为相反的情感。比如，在影视作品中，优秀的演员往往就能够呈现出这种细腻的情感反应。在一个悲伤的时刻，主角先是笑了起来，笑着笑着突然就哭起来了。因为，一开始的情感冲击太大了，以至于个体不能用情感本身来表达，不能用哭来表达悲伤，悲伤的情感就被隔离了，于是，出现了一种截然相反的情感表现，他笑了起来。在笑的过程中，真实的情感慢慢出来了，他就开始出现哭了。这就是情感隔离与反向形成的叠加。

另外一个是抵消。举个常见的现象，当孩子不小心碰到桌角哭了，妈妈为了安慰孩子，就过去把桌角打了一下，然后对孩子说："好了，不哭了，我打了它。"这就是一种抵消。我们有时候的强迫动作，也是一个抵消的过程。弗洛伊德曾经描述，有个女孩有强迫仪式，每天要定时检查床底，或者有非常多的强迫洗手行为。这往往就是用动作去抵消内心的冲突。所以，出现强迫动作的时候，我们常常可以把它理解为一个抵消的防御，它用后一个动作来抵消前一个动作或前一个动作导致的想法。

抵消，就是通过某种仪式或动作，似乎就能够把前面发生的事情给抵消掉了。比如说了不吉利的话，我们一般会有个说"呸呸呸"的抵消行为。因此，我们也可以理解，强迫性的动作或行为往往存有某种想要抵消的想法。

神经症性的防御能够帮助我们维持一般的人际关系，在这个层面上它是足够的。但是，真实的部分是被防御掉了，所以形成的关系不是一个真实的关系，当然也不是病理性的关系。可以理解为，神经症性的防御无伤大雅。但如果一个人只是处于神经症性的防御，他的人际关系就没法深入，在亲密关系中就会出问题。比较典型的是，夫妻之间有一方过于理智，总是讲道理，以至于另一方都不想与其交流。

成熟的防御

成熟的防御，常见于青春期开始形成，一直持续终身。对于个体而言，这些防御机制能够把现实、人际关系和个人感情整合在一起。对他人而言，成熟的防御则是一种成熟、智慧或美德的表现。常见的防御有幽默、利他、升华。

幽默是智力的体现，幽默的话语能够让人有精神上的享受和乐趣。幽默和玩笑不同，虽然二者都可以让人开怀一笑，但是玩笑有时是以他人的尊严为代价的，也就是说玩笑带有某种攻击性，而幽默常常是能够化解攻击性。这就是成熟的表现。

利他就是为他人做好事，但前提是不伤害自己。对应的叫病理性利他。例如，有位男性，每次发了工资以后，他把工资就往抽屉一扔，让大家随意去用。但是，他自己还有家庭，有妻子孩子要养，他在做"好事"的时候，其实是在伤害自己的家庭，这就是病理性利他的表现。成熟的利他，不会对自己和家人造成伤害，而是造福社会的同时，也让自己感到满足。

升华是跟社会期待有关系，它间接地呈现本能，让本能符合社会要求，但无不良后果，也未丧失乐趣。比如，化悲痛为力量，或是通过有趣的游戏、运动和业余爱好来表达攻击性。

防御机制会随着个体心理的发育而成熟，从不成熟的防御到神经症性的防御，再到成熟的防御，它是一种单向的发展，从不成熟向成熟方向发展。但是，当个体面对的应激越来越多时，成熟的防御也有可能回转为较不成熟的防御。

第一种情况是，当遇到重大创伤事件的时候，个体会发生回转。第二种情况是个体主动的回转。比如，你碰到他人遭遇创伤的时候，你自己并不是因为创伤而回转的，你是因为碰到他人的创伤情境而回转。这种情况，大多是可以顺利调整过来的。但是，有的人遇到创伤之后，会持续呈现出不成熟的防御，这也意味着他还处于创伤的持续状态，这就需要通过心理治疗来进行干预。

得病，
是一种防御，也是一种获益

得病是一种防御。上文提到防御机制是人在某一阶段用来适应社会的模式。有的人一遇到麻烦就喝酒，他没有办法去跟别人讲，喝酒就是他的防御模式。但是，有的人的模式则是得病。

心身医学中，有两个非常重要的概念，分别是原发性疾病获益和继发性疾病获益。

原发性疾病获益

什么是原发性疾病获益？

举个例子。我有位很好的朋友，他的女儿在美国考律师执照，这个考试非常严格。那天晚上，朋友打电话问我，说女儿第二天要参加律师考试，睡不着觉怎么办？我说，他女儿会向他诉苦，这就是一个好的迹象。首先，她虽然焦虑得睡不着觉，但她知道向父母亲求助，她能够把自己的焦虑分散出去。其次，人在碰到重大事情的时候产生焦虑并不是坏事，因为这能让自己处于备战的状态。就好比在大草原里吃草的羚羊，它在吃草的时候会非常警觉，时不时会抬起头张望一下，竖起耳朵听一听，这当然是一种焦虑的状态。但是这份焦虑能够让它在大自然中保住性命。朋友听了我的解释之后，他心里就安定了很多。他知道女儿有焦虑，说明女儿非常重视这次考试，她要是不睡觉，那也就是跟这次考试有关系。因此，这位父亲就知道如何稳定军心，他安慰了女儿，没有把更多的焦虑返回给女儿。他知道女儿跟他打电话，是来分散焦虑的，把我的焦虑告诉你，那我的焦虑就减轻一点。但是很多父母亲会更焦虑，反而把更多的焦虑返还给了孩子。这个例子中，朋友女儿的失眠状态，就是原发性疾病获益。

有的人一到考试就焦虑得睡不着觉，吃药也没有什么用，这个考试不过去，他的焦虑就不会消失，因此，这份焦虑就是原发性的。原发性疾病获益，是指病人通过症状缓解了内心冲突或痛苦。如果有了症状，病人只需面对症状、解决症状即可，如果没有了症状，内心冲突会置于更加痛苦的境地。所以，他选择了得病的这个方式。但是，他的意识层面是不知道的，他只知道得了病要去找医生，要去解决这个症状。比较常见的症状包括头疼、肚子疼等。

如果你因为头疼去找医生看病的话，有的医生会让你先去做ＣＴ（电子计算机断层扫描）检查，或者是直接开药。有的医生就会问你，最近发生了什么事。因为一个人遇到麻烦，或出了什么事以后，最常见的反应就是头疼。记得早年我治疗过一个神经科的病人，这位病人是一位30岁出头的女性，她一进来就跟我说她头疼得厉害。当时，我注意到有位男士扶着她进了诊室后就出去了，我就问她刚刚出去的人是谁，她说是她丈夫。我又问她为什么丈夫送你进来又出去了。这个时候，这位女性就开始哭了。后来她才说到，她的母亲在三个月前去世了，丈夫又在两个星期前向她提出了离婚。大家可以看到，外部事件和压力才是她头疼的真正原因。

如果不头疼的话，生活中的事情更让她痛苦。

我们有的时候就会用自己的身体来表达无法言说的内容。有的人头疼、有的人胃疼、有的人腰背疼，这就是我们遇到了事情，反映到神经系统、消化系统、肌肉系统。我们用躯体症状对生活事件进行应对，也就是用身体来反映，这就是原发性疾病获益。

所以，得病也是一种获益。虽然你得了病，但是你是有好处的，好处就是你用身体表达了你不能用语言表达的东西：我害怕这件事，我讨厌这个人，这个事情很难，等等。

当我们能够在躯体和现实之间建立一种觉察和链接的时候，这个症状就消失了。例如，有个孩子坐车的时候肚子不舒服，妈妈问他，你是不是不想去少年宫上课。孩子马上就说是的。之后，孩子没有再说肚子不舒服，因为他没有必要防御了。防御的意思就是我在意识层面不知道。防御是在潜意识层面运作，把潜意识上升到意识，意识层面就知道了，要去少年宫的压力很大，这个麻烦过不去了，我再来想一想可以怎么搞。这样的话，他身体所呈现的信息就传递到意识层面。我们常常说信息在传递，但是如果没有到达，就谈不上解决了。潜意识也是如此，我们身体敏感地捕捉到某些信息，通过身体的反应传递出来，如果我们的意识没有觉察接收到的话，它们就会一直处在传递中的状态，身体就会一直呈现反应。

继发性疾病获益

什么是继发性疾病获益？

举个例子。有人被车撞了，住院后进行了各种检查，也没查出来什么大事，医生让他出院他也不肯出院，说自己这边疼那边痛，只好继续检查下去。但是，医生检查后发现没有什么问题，被撞的部位有点瘀青，但病人仍然说疼，为什么呢？因为住院时间越久，赔偿可能越多。这就是意识层面的，跟骗保有关系的目的。我记得德国有一家康复医院，院长就是心理医生，之所以让心理医生当院长，是因为有的病人出现了慢性的疼痛，而这些病人没有好转的原因就是有继发性疾病获益。他们要获得好处，比如说工伤赔偿，他们已经做了康复，但是老好不了，老是觉得这疼那疼的。因此，这类病人会被送到康复医院进行心理评估再作出结论。

继发性疾病获益除了发生在保险民事纠纷里，也常常发生在家庭中。比如说，有位老太太，孩子平时工作也忙就都不怎么管她，那她怎么办？她就得病，得病以后子女们就不得不来照料她。于是，她发现只有生病的时候，才能够感觉到有人照顾。她可能已经辛劳了大半辈子，但只有在得病的时候，才能像个孩子一样得到大家的关心。因此，她会享受这种被照顾的感觉，换句话说，她可能更希望自己得病，这就是继发性疾病获益。继发性疾病获益是指病人借助疾病或症状来操纵或影响他人，从而获得益处。他们通常是为了得到现实的利益或赔偿，获得他人的关注、承认和照顾。病人在有病不愈时，可以获得比无病或疾病痊愈时更多的利益。

由此，我们可以看到，得病本身获得的好处，和得病以后获得的好处是不一样的。原发性疾病获益和继发性疾病获益的一个区别是，继发性获益有更多意识层面的内容。因此，继发性疾病获益的治疗效果，就不如原发性疾病获益的治疗效果好。因为它是有目的的，是要获得更多的赔偿，得到更多的关注和照顾。所以，继发性疾病获益是一个比较常见的疾病，疾病起因往往跟现实的某些事件有关系，也跟病人内心想获得的好处有关系，治疗起来就比较棘手。

早期医学生在参加培训的时候，常常强调疾病要得到诊断和治疗，疾病要痊愈、缓解才能够达到出院标准，可是现在有了心身医学的概念，我们可以看到，疾病和症状是用来理解的，是有功能和意义的，甚至未必是要马上治疗的。我们可以试着想象一下，如果一个人有办法的话，他一定不会去得一个心身疾病或心理疾病。就像上文的例子，女儿告诉父亲她因为考试失眠的时候，其实就是在找一个人来分担她的焦虑。如果我们理解到这一点，我们就可以告诉她：这是你的一种正常反应，这说明你已经处于备战状态。就像你参加百米赛跑一样，你蹲在起跑线上，听到枪响的时候，你的心跳会特别快，因为你要像箭一样随时飞奔出去，这个状态就是正常状态。

当然，每个人的心身反应都是不一样的。有的人心慌气短，有的人头疼失眠，有的人皮肤过敏，还有的人腹痛腹泻，这些都是常见的心身反应。比如，对于小孩子来说，腹泻就特别的常见，腹泻是失控的表现。因为他一旦碰到压力，紧张的时候，肠道的间隙就增大了，肠道有一定的间隙，水就可以渗透进去，一段时间后，他就会想要上厕所，而且排泄出稀水状。但是，当你对此有更多的了解之后，你就不仅仅从孩子是否吃错东西的角度去判断，而是能够去思考孩子最近是否遇到什么事情，是学习压力，还是人际关系问题。当我们可以从这些角度去理解孩子的时候，孩子的症状就会消失，真正的问题也能得以解决。

我们通过理解原发性疾病获益和继发性疾病获益，可以去觉察我们自己、我们的父母、孩子，会用躯体什么部位、什么疾病来应对问题、冲突与关系。

理解症状
背后的意义

　　症状和体征，是临床上经常提到的名词。体征，是医生给病人检查时发现的具有诊断意义的征候。症状，更多的是描述躯体某种痛苦的表现，如头疼、腹痛、失眠等。这两者都属于广义的症状。然而，临床中会发现，有些症状的发生，却没有检查出任何器质性的问题。那么，这个症状的背后是有意义的。也就是说，它不是器质性的病变，而是心因性的病变。

　　比如癔症发作。临床发现，这是由于精神上有刺激的因素，越多人围观发作越厉害，往往伴随有抽搐、痉挛，或狂奔乱叫等兴奋性反应，但不能证实有器质性的改变。此外，癔症患者还有个特点，容易受暗示，所以我们通常采用暗示治疗。

　　我们以前做的暗示治疗，就是打葡萄糖酸钙。葡萄糖酸钙是一种能够扩张血管的制剂，打了以后血管会扩张，血管扩张会让人感觉到发热。病人被注射葡萄糖酸钙后，不到一秒就可以上升到大脑里面，此时病人就会有全身发热的感觉。所以，我们会用这种暗示治疗，说只要打针，这个症状就会好，好的标志就是喉咙有发热感。多数情况下，暗示治疗是有效的。

　　癔症发作的症状有什么意义？目的之一就是呼救，病人需要有更多的人来看他。在急诊室里面癔症发作，好转的一个很重要的原因就在于一堆人围着他，这就极大地满足了他想以自己为中心的想法，因为他平时缺少关爱。现在大家不仅是围着他，而且还很着急地关注他，给他量血压，会触碰到他的身体，就让他感觉得到非常多的关心。

我们知道，现在大多数人是在医院出生的，医院具有照顾、养护的功能。孩子在医院出生，各种检查、清洗、护理诸类过程会带来的皮肤接触，对此，我们每个人都是有记忆的，医院的环境就构成了原初的记忆，医院最大的象征就是母亲及子宫的环境。因此，病人来找医生的时候，就会有某种潜意识上的信任，也就是要完全把自己托付给医生，他必须信任医生。这种信任的原型，就是孩子对养育者的信任。从这个象征层面来说，病人和医生之间的关系，很容易会回到父母与孩子的关系上。所以我们就有了所谓"医者父母心"的说法。因此，癔症发作的病人在医院很快会得到好转，不仅仅有暗示治疗的作用，还因为有很多人着急地围着她忙来忙去的环境背景。

症状，象征着关系、情绪与诉求

有位男性，患有心脏神经症，经常心慌、胸闷、气短，总是觉得自己要死了。他还恐高，他家住十几楼，但他不跟家人一起住，自己搬到一个平房住，平房就在医院旁边。为什么要住到医院旁边？因为他的心脏神经症，经常让他有心慌要死的感觉。

心脏神经症也称为功能性的心脏不适，是神经症的一种。一般来说，这个病没有明显器质性病变特征，症状尽管表现得很严重，但预后良好。所以对于这种病人，主要是让患者知道没有器质性的心脏病，这些感觉主要是由于心理因素造成的。

这位男性因为去医院去得多了，护士都认识他，后来连医生都不用叫，直接躺下来，给他上一瓶葡萄糖水，再量一下血压，他自己就好了。所以他每次发作的时候，他就跑到医院去躺下来，量个血压打个针就好了。

从这个过程可以发现，他的症状背后的意义，是能够得到母亲般的呵护。他整个发病的过程，就像是一个回归母体的过程，到了医院重新再出生一次，护士像亲人一样接待他，让他安全地躺下来，摸着他的手臂，给他输液量血压。这就是象征性地重新得到了一次来自母亲的关爱。

症状，有很多象征性的意义。

再举个例子，有个年轻人被误打一顿，发现是误会之后，对方又威胁他不要对外说出去。他回去之后，因为害怕也不敢跟父母诉说自己的委屈，于是他出现了失声的症状，和人面对面说话的时候，不能正常发出声音，但是他接电话的时候，又能表现出正常的状态。不能说话的症状背后，是被威胁的恐惧情绪在影响着他。因为无法用言语来表达，所以就转换成躯体的症状，用象征性的方式来表达。

因此，身体的器官也有各种各样的象征性。比如，皮肤象征着亲密和界限。母亲的拥抱和抚摸，会让孩子感觉到自己是被爱的，是可以被亲近的。经常被父母拥抱的孩子以后更愿意发展人际关系，也愿意去接触别人，握手、拥抱都没问题。可是，有的孩子从小是被打大的，或者他的父母很少去抱他。那么，他对皮肤的接触就特别敏感，甚至是厌恶。他一般不会去允许别人碰到他的皮肤，迫不得已碰到的时候，他可能会有非常强烈的反应。强烈到什么程度？有的人可能会因此起皮疹。有位女性，小时候经常被父亲打，咨询师在与她谈话的时候就发现，只要谈到她的父亲，她的皮肤就会起一层一层的红疹，而且非常见效，这就是皮肤的强烈反应。

这些都是症状的象征性意义，象征着个体与他人的关系，象征着情绪和诉求。

理解症状，症状就没有存在的必要

除了象征性的意义，症状还有稳定家庭的功能。

例如，父母在闹离婚的时候，孩子就生病了，而且不去上学。咨询师了解之后就对那个孩子说："你这个病，病得非常好，继续病下去。"旁人就特别难以理解，有病不是要治病吗？为什么还说病得很好。这就要理解症状背后的意义。因为孩子通过生病可以不上学，能成功地吸引父母的注意。孩子不上学，对父母来说是一个大事，所以父母停止了争吵。然后孩子又病了，肚子疼又查不出来什么问题，父母就反复带孩子去医院检查。在这种情况下，父母停止了争吵，把所有的注意力放到了孩子身上，他们就没有继续再谈离婚的事情。

所以，症状是有好处的。要治疗症状，就要搞清楚症状背后的意义。弗洛伊德认为，一旦症状的意义得到了阐释，症状就没有存在的意义了。

在精神分析的治疗案例中，安娜·O这个案例在精神分析史上极其重要。弗洛伊德对精神分析的兴趣是在1884年与布洛伊尔合作期间产生的，而安娜·O就是弗洛伊德和布洛伊尔合作治疗的病人。因为安娜·O贴身照顾父亲，父亲去世不到一个月，她也出现了诸多症状，谵妄、意识不清、身体麻木，等等。其中有个症状叫恐水症，她无法喝水。大概持续6周时间，她每天只能通过水果来汲取身体需要的水分。后来，在催眠的过程中，她回想起某次在她不喜欢的一位女士的房间，她看见那位女士用水杯给狗喝水，这引起了她的厌恶。当时出于礼貌，她没有说什么。在催眠中，她恢复了对这件事情的回忆，然后一口气喝下了一大杯水，不能喝水的症状彻底消失了。

弗洛伊德由此认为，症状是有意义的，只要把症状的意义和症状联系起来，症状就没有存在的必要性了。

以前我们经常会说要缓解症状，要消除症状，出院的标准就是症状消失或缓解。现在，我们会在心理层面理解症状，症状是有意义、有功能的。它可以缓解个人的冲突、维系家庭的关系。甚至可以说，症状是阻止我们回转到更原始防御的最后一道防线。

症状，是躯体化的表现。上文讲述了躯体化的防御机制，躯体化是介于神经症性防御和不成熟的防御之间的非精神病性防御。如果直接拿掉症状，对个体而言，相当于失去了一道重要的防线，他可能就再往前回转到了精神病性的状态。

因此，从这些意义上来说，症状不仅需要得到理解，在某些阶段可能还需要得到维持。有的时候，个体所维持的症状，能够让他度过当下的阶段，能够让他维持一段关系，等他到了另一个阶段的时候，他对事物的看法和耐受力又发生了变化，那个时候他就不需要症状了。

所以，从心身医学的角度来说，我们要更多地去关注症状和理解症状的意义，而不仅仅是消除症状。

你的身体，
藏着哪些最深刻的记忆？

人类的疾病可以分成 3 类，分别是躯体疾病、心身疾病和精神疾病。在心身疾病和精神疾病中，心理社会因素不仅是疾病的致病或诱发因素，还是症状的表现载体。在躯体疾病中，心理社会因素虽然不一定是主要的发病因素，但从整体来看，没有一种躯体疾病不会影响到心理。也就是说，躯体疾病也会让患者产生心理反应，甚至可能导致心理问题。

就好比我们忽然被医生告知说得了肿瘤，我们的第一反应，往往就是否认，不相信。这就是一种心理反应。有躯体疾病的患者常常出现这两种心态，一个是抑郁，得了病之后，对生活失去了信心；一个是焦虑，惶惶不可终日，病急乱投医。这些负面情绪可能反过来又会影响到身体状况。

既要检查身体，也要理解心理

举个例子。有位女性，不久前被诊断为乳腺增生，她吓了一跳。她又不断地去检查，结果又发现胰腺旁边也长了新生物。新生物，又叫赘生物，指身体细胞组织不正常的增生，当生长的数量庞大，便会成为肿瘤。随着年龄的增加，我们总会发现有新生物，良性息肉之类的，这并不奇怪。但如果我们被这些东西吓着了的话，就会产生心理问题了。有的人就觉得自己快要死了，惶惶不可终日，吃不下饭，睡不好觉。疾病没检查出来前，她还过得好好的，检查出来后，人就倒下了。所以有个玩笑说：1/3的人是真正得病死掉的，1/3的人是自己把自己给吓死的，还有1/3的人是自己把自己给治死的。

其实，心身医学并非是单纯从一个角度看待某一器官和系统的疾病，而是研究心理、社会、躯体相互作用影响下的有关疾病的病因、病症、治疗和预防的一门学科。

狭义的心身疾病，就是心理的因素导致的躯体问题。最典型的就是进食障碍。比如厌食症，在年轻女性群体中多见。由于不吃东西会导致个体的身体极其虚弱，但不管周围的人觉得她有多瘦，甚至已经是皮包骨，她心理上还觉得不够，还会拼命地减肥，最后就导致身体代谢出现问题，电解质大量流失，最严重的结果会导致心脏停搏而死亡。这个就是典型的心理因素导致的躯体问题。

广义的心身疾病，既包括了心理的因素导致的躯体问题，也包括躯体疾病所导致的心理问题。人有情感，有思维。相关的变化，都会引起我们情感和认知上的改变。不同的人得了癌症，可能会有不同的表现。有的人会马上否认；有的人会觉得上天对自己不公平；有的人觉得难以启齿，比如有位男性朋友得了乳腺癌；还有的人会改变宗教信仰，觉得是因为上辈子造了孽所以才得了这个病。

所以，心身疾病与我们每个人都相关，因为每个人都可能会生病，哪怕是简单的感冒，可能都会有特别的含义。这是现在对心身医学的第一个理解。在早期的研究中，心身医学对糖尿病、高血压等研究较多，认为这些是应急情况下的心身疾病。现在广义的说法是，只要是你得了病，都会影响到你的心理。反之亦然，如果心理问题特别严重，也会影响到身体。

你的身体，藏着你最深刻的记忆

第二个理解是，每一种疾病，每一个身体部位，有不同的心理含义和象征性。有的人皮肤有问题，有的人出现腹泻，有的人经常失眠，有的人腰背疼痛。这些疾病或症状的背后，可能藏着你身体里最深刻的记忆。

比如说，口腔就与获得感有关系。有的人小时候很难获得食物，他的养育者也没有给予爱。因此，在心理的象征层面上，他可能会有特别强烈的贪婪欲望。在心身的表现上，他特别能吃，嘴巴里不断地填充食物。例如，有位企业的老板，他特别喜欢买厨具，三天两头就往家里带厨具。他买厨具的特点是看是否打折，只要是打折的他都买，所以他经常往家里搬一捆一捆的锅碗瓢盆。妻子对此非常有意见，这些东西不仅占用地方，还剥夺了妻子作为女性的烹饪乐趣，因为他特别喜欢做菜。但是，他做的饭菜只能用三个"乎"来形容：黑乎乎、黏乎乎（糊糊）、咸乎乎。为什么呢？因为他早年成长在非常贫困的家庭环境。黑乎乎是酱油，黏糊糊是淀粉，咸乎乎是盐。这些东西用来干吗呢？方便下饭，可以吃很多饭。所以他每次做菜，他的老婆孩子都不想吃。他们一家是三口人，他不是做四菜一汤，每回起码都要做6~8个菜。

从象征的角度来理解他的行为模式，他好像变成了一个特别大的乳房在哺乳。这是某种早期匮乏所导致的表现，他不但自己吃，还要做很多的食物给别人吃。他的母亲很早就去世了，童年的他是一个缺少食物、也缺乏母爱的孩子，所以在心身反应上，他就表现得特别能吃。用他儿子的话来说，父亲事业如此成功，实在难以想象他走在路上两手都要拿着吃的，嘴上还在不停地嚼着食物的画面。由此可见，这位企业老板的表现和他早年的一些体验有关系，就是口里面要有东西。

前文还提到皮肤象征着亲密、界限，它和信任、安全有关系。有的人喜欢肌肤的接触，喜欢和亲密的人黏着、贴着，抱在一起。有的人就是不喜欢，你要是碰到他的皮肤，他全身就起鸡皮疙瘩，所以，各人皮肤的反应也不一样，各人的心理状态也不一样，呈现在亲密关系中的互动状态也是不一样的。这些不同的心身反应和个体早年的经历有关。

⋯⋯ **练习：觉察，身体是心灵的镜子** ⋯⋯⋯⋯⋯

在临床工作中，我们通常会用这四个步骤来理解个体的心身反应。第一步，程序上详细地询问症状的表现，如皮肤怎么发红，在什么地方，什么时候增强，什么时候减弱，等等。第二步，了解个体最近发生了什么事，发生重要的事件和相关的人物有哪些。第三步，事件中的人物和个体过去接触的人物有什么样的关联，成长的环境是什么样的。第四步，进行理解、分析和链接。无论是做社区工作，医生工作或心理工作的时候，这几个步骤都可以帮助我们对心身反应有更多的理解。

当我们的身体经常出现某种反应的时候，我们也可以用类似的方法去觉察，看看你的身体藏着哪些深刻的记忆。

第一，去回顾成长的过程中，你最熟悉的一些身体的反应是在哪个脏器或部位？它有些什么反应？它反应的规律是什么样子的？它是否会让你想起某件事。或者是生活中的某个事件引起了你什么样的身体反应，让你印象特别深刻。比如说，剧烈的头痛，碰到什么事情让你头疼，观察身体的反应是不是跟某件事情有关系。

第二，去回想你在什么样的环境中成长的，这些身体反应与什么样的照顾、养育、教养模式有关系，你有一些什么重要的经历，等等。比如上文企业老板的例子，只有了解了个体的成长环境，呈现整个背景以后，我们才能做出链接。

第三，去发现你重要的家庭成员，如父母或兄弟姐妹，他们有没有一些通过身体症状或疾病来表达的方式？例如，有位学员说，她的爸爸妈妈经常吵架，妈妈一吵架就不吃不喝，像个死人一般躺在床上，可以一整天躺在那一动不动，头上就放着一条毛巾，连孩子的饭也不做。这位学员就非常担心她的妈妈死了，她经常要趴到炕上去摸妈妈的鼻子，摸着还有点气息才放心。孩子在成长过程中所体验的父母的心身症状，也可能会传承到孩子身上。妈妈在亲密关系中表现出的模式，孩子在她的亲密关系中也会呈现某些类似的心身反应，所以我们还要去觉察自己家里的情况。

疼痛是疾病的代表，
疾病是关系的反映

心身疾病中，有一种特殊的疾病形式，就是疼痛。

为什么是疼痛呢？因为疼痛在所有的器官系统里都可以出现，它可能会在呼吸系统出现，也可能在消化系统或任一部位出现。也就是说，所有的心身疾病都可以以疼痛方式表现出来。疼痛，可能是代表了我们最早期的记忆。什么样的记忆呢？在婴儿时期，如果我们肚子饿了，我们的肚子当然会不舒服，这其实是胃疼的状态。但是，婴儿并不能区分是肚子饿了，还是害怕妈妈不在自己可能会死掉。所以，可以说疼痛反映了最早期的母婴关系。如果妈妈照顾得好，孩子就比较舒服；如果母爱不够或不恰当，孩子就会表现出某种疼痛。所以，早期的情绪反应以及依恋关系都是通过疼痛表现出来的。因此，如果我们能够理解自己的疼痛，我们也许就可以治愈某些关系。

现代医学中，所谓疼痛是一种复杂的生理心理活动。如果从定义上来讲，它强调了主观性，它是一种主观的、强烈的不适感。这需要和神经性疼痛有所区别。比如说，吃辣椒引起疼痛，是因为辣椒刺激了神经，因而引起了疼痛感，可能还会伴随流眼泪、喉咙不舒服等反应，这是神经受到了刺激。通过心理治疗的方式，我们让症状背后的意义得到理解，由此而缓解的疼痛主要是心因性的疼痛，疼痛也可以被理解为是一种泛化了的心身疾病在各个器官中的表现。所以，治疗疼痛，理解疼痛，就是在治疗心身疾病，在理解疾病背后的意义。

疼痛背后有关系

疼痛，和压抑的表达有关。

有学员经常会出现咽喉肿痛的症状，与他人说话比较激动的时候，或者是大声说话的时候，哪怕只是说了两三分钟，喉咙都很痛，甚至会痛到经常要吃药的地步。

我们可以从咽喉这个部位做象征性的理解。咽喉是通向肺部的通道，能够获得氧气。我们知道在动物世界里，在捕抓猎物的时候，基本上就是把对方的咽喉给掐住。贝多芬有句励志名言："我要扼住命运的咽喉。"所以，这常常是跟控制与被控制有关系。如果被掐住了脖子，在对方控制之下，个体就会有咽喉疼痛。另外，咽部比喉部要更加浅一点，咽部还跟发音、表达有关系。结合控制与被控制的程度，或许可以觉察自己是否长期处于压抑的状态而无法表达想法或感受。因为这位学员说她如果大声说话，哪怕时间很短喉咙也会痛。那我们是否可以理解，大声地表达对于她来说，是非常刺激内心的一件事。

有的人在对外表达的时候，比正常的表达力度要大。这隐含的一个可能就是，他说话没人听，或者是大家会忽略他的声音，以至于他不得不用很大的声音说出来。所以我们可以看到，在市场里很多人讲话声音特别大。这类人的特点之一，就是受教育程度低，有的人经常在街上大声吼叫，都变成一种常态。我们反向思考一下这种常态的心理含义。比如，如果你非常想听一个人说的内容，或者是你很尊敬的某个人在说话，不管他说得多轻，你都能听得见，你也会想办法听见。那么，有些人总是要大声去说，扯着嗓门去吼，原因之一也许就是他从小在家里面就没人听他的讲话，甚至他的表达被忽视。因此，他的内心就形成这样的心理印记：我一定要拼了命地吼，才会有人听得见，才能引起别人的注意，才能表达自己，才能呈现出自己的力量。

疼痛，和攻击性的表达有关。

这种疼痛，常见于头部的疼痛。最早的攻击性表达，是婴儿对母亲的表达。头部也有权威的象征，当然也有可能是指向父亲的攻击。无论是指向谁，只要疼痛是在自己身上，就表明这种攻击没有办法转出去。剧烈的疼痛，往往暗示着特别大的攻击性转向了自身。如果孩子没有办法表达自己真实的想法，没有办法表达他的愤怒，那么，愤怒就转到了自己身上，其中的一个突出表现，就是导致自己严重的疼痛。

身体的疼痛还经常出现在肩颈腰背的区域。现在腰椎病和颈椎病年轻化的趋势越来越明显了。以前都是上有老下有小的中年人患这些病，一家人沉重的负担都扛在这类人身上。现在反而是很多年轻人出现了这些问题。首先是生活节奏变快，生活的压力变大。其次是养老的问题。尤其是独生子女，两个年轻人结婚，可能要养 7 个人，压力非常大，而且父母对自己是有要求的。因此，很多人年纪轻轻就出现了腰酸背疼的躯体反应。

这种持续的肩颈腰背疼痛，跟长期的内在冲突有关系，它不是一个短暂的过程。如果你有这种持续的腰背疼痛，就要去觉察一下自己是否背负了太多的责任。这一类人往往有特别强烈的内疚感，每天都在困扰着他们，他们总是担心自己做得不够多、不够好，把所有的责任都会扛到自己身上。父母得病跟自己有关系，父母去世跟自己有关系，弟弟不上进也跟自己有关系。所以，疼痛也和所背负的东西有关。

练习：止痛需要先放松

在心身医学中，疼痛是一个单独的学科，因为疼痛包括全身很多地方。缓解疼痛，有个比较简单的办法，叫渐进式肌肉放松练习。这个练习的特点是，想要肌肉放松，就先让肌肉紧张。比如说，用力地握紧拳头，握到没办法握得更紧，这时候你会感到肌肉紧绷，然后你再放开，放开的那瞬间，你会感觉到手的放松。

这个练习对慢性疼痛很有用。我们认为疼痛都是神经所激发的，所以止痛剂都是针对神经的。后来有人发明了一种缓解疼痛的办法，它不是针对疼痛进行神经阻滞，而是生产出一种肌肉松弛剂。疼痛被认为是肌肉引起的，肌肉的疼痛是因为过度的紧张，导致个体处于战斗的状态。我们只有在紧张的时候，肌肉才会紧张。如果个体平时的肌肉都很紧张，总是得不到放松，像跑步之后的乳酸堆积导致了全身酸痛。因此，慢性的疼痛常常跟过度紧张的肌肉备战状态有关系。

松弛肌肉，是一种简单又有效的减轻慢性疼痛的方法。

以一种放松的姿势坐着或躺着，眼睛用劲地往上看，再慢慢看下来；第二个动作，用劲闭眼，眼睛紧闭到不能再紧后，再慢慢地放松开；第三个动作，将脸部的咀嚼肌用力绷紧再放松。这三个动作可以帮我们放松脸部的肌肉。如果经常做这些动作的话，你的容貌可能会比一般人要年轻很多。如果脸部的肌肉总是紧绷，面部表情也容易显得老化呆板。

当然，这还可以应用在其他部位的肌肉，比如颈部肌肉，脖子酸痛的时候，用力地把头往上仰，然后再慢慢地放下来，可以从上下左右4个方向来进行放松运动。手臂、腰背、大腿都可以如此进行。以这种方式去感受放松，每一个动作都要重复3次，强化这种放松。肌肉的放松，能够让疼痛得到缓解。

做这个练习的时候，我们完成这些放松的动作后，还要去觉察，哪一部分做得特别的轻松，哪一部分会感到难受，这就是躯体治疗。同时，我们也要去觉察关系，是不是有压抑的部分，是不是攻击转向了自身，是不是背负了太多的心理责任。

失眠——
谁是伴你入睡的那个人

在我的一个亲密关系工作坊中，有学员提到，当工作压力大的时候，她就会出现难以入睡的状况，有时候很晚也睡不着，有时候很早就醒来，睡眠不好的时候，她会通过听一些专业的音频课程帮助自己入睡。

关于失眠，有一种心身解释，就是平行的心身反应。它可以平行到我们在早年时躯体的感受和反应。刚开始出生的时候，婴儿是不会用语言来表达的，婴儿能够用来表达的就是他的躯体。

人体有八大系统：运动系统、呼吸系统、循环系统、消化系统、泌尿系统、内分泌系统、神经系统与生殖系统。睡眠障碍是属于神经系统的心身疾病。这些不同的系统，在个体早年会形成不同的反应。

安然才能入睡

从平行的视角来看，婴儿通常在什么样的情况下会睡着？笼统地说，在安全的环境下，婴儿才会酣然入睡。什么样的情况最有安全感？当然是吃饱喝足又有妈妈在的这种舒适环境。孩子能吃能睡，一定是他周围的环境营造得比较好。心理学有一个名词叫作环境母亲，包括声音、温度、皮肤的接触，适时的喂养等，这一切让婴儿觉得是理所当然的感觉。一睁开眼睛，就看到了这个世界，一闭上眼，这个世界就消失了，自己如同上帝，说要有光，于是就有了光。婴儿一张口想要有吃的，吃的东西就来了，婴儿一哭闹，马上就有人来了，所以这是一种全能感。

成人的失眠往往跟压力有关，可能是现实中的具体事情所带来的压力。但是，我们如果以平行的视角，回到早年的婴儿状态，那么这个压力是什么呢？婴儿的压力是："我能不能活下来？有没有人能够理解我？有没有人来爱我？"

因此，我们回到成人的症状上，如果难以入睡的症状是跟压力有关系的。我们要去理解这个压力。我们用平行视角所想到的是早年的安全感能够帮助婴儿入睡，这象征着母亲的存在与陪伴。那么，我们就要去了解或觉察，早年个体与母亲的关系怎么样？早年的成长环境是什么样的？不管以前是什么样子，现在我们可以做的事情是，营造一个有助于睡眠的环境。这要了解个体在睡眠过程中的状态。比如，睡觉时旁边有没有抱枕或公仔。有的人睡觉的时候就喜欢抱着枕头，抱着玩具熊，或者是喜欢侧着睡，有东西抱着睡会更舒服，手或脚可以搁在这个抱枕上面。有的人睡觉的时候，除了被子枕头，周围都是空空的。所以，可以尝试改变睡觉的环境，在旁边加一个枕头或一个可以拥抱的东西，或许能够帮助入睡。这就是营造了一个"母亲的环境"。

陪伴才能入眠

其次，是陪伴的象征。睡觉的时候，你是否是有人陪伴。无论是丈夫还是男朋友，不管他是谁，在入睡的那个状态中，他可能代表的是母亲的形象。因为，婴儿要入睡，常常是要旁边有人，这个人一般来说是母亲。婴儿可以摸得着母亲的皮肤，听得见母亲的呼吸声，肚子饿的时候，眯着眼睛还能吃到奶。这就是为什么有的人在睡觉的时候，特别喜欢被拥抱，喜欢枕着对方的胳膊，等等，这都象征着母亲的陪伴作用。

所以，有的人经常失眠是因为独自入睡。不管他怎么去锻炼、消耗精力，不管他怎么喝牛奶助眠，都没办法帮助他入睡。上文那位学员在讲述失眠过程时，提到了一个很重要的信息，她要通过听一些专业的音频课程才能入睡。

我们知道，听课通常是要集中注意力的，但这个时候反而是起了放松的作用。所以，课程的内容不重要，声音很重要。对婴儿来说，妈妈的声音就是最好的催眠曲。很多人在入睡前会听自己喜好的声音，有的人听音乐，有的人听故事，有的人听课，听着听着就睡着了。因为，声音起了陪伴的作用。

从这个角度来理解失眠，失眠跟早年缺少母亲的陪伴有关系。婴儿处于一个孤独无助的原始状态，设想一下这种原初状态，婴儿醒来的时候，屋里漆黑一片，旁边没有人，肚子又饿得一塌糊涂。因为婴儿的新陈代谢快，流质的母乳或牛奶很快就消耗了，没有加辅食之前，婴儿晚上很容易醒来要吃夜奶。醒来后，周围是没有人的状态，婴儿自然无法继续安然入睡。当然，母亲不可能做到完美。但有的母亲就是不理孩子，或使用类似哭声免疫法来对待孩子。因此，孩子内心就会经常处于恐惧和焦虑状态。再回到那位学员的失眠，她说工作压力大。现实的压力很可能只是一个扳机点，不一定说真正的压力有多大，而是她的内在的压力被触发了。她可能会觉得，没有人可以帮助自己，特别孤独，会突然特别渴望爱，渴望被照顾，等等。

或许，你的失眠，都意味着你在等待那个能够伴你入睡的人。

皮疹——
皮肤的反应，是最直接的反应

婴儿出生来到这个世界上，最早产生深刻感受的躯体部位，有口腔、皮肤和消化器官。婴儿每天要吃奶，口腔会有感觉。饥饿的时候，胃会痉挛，吃了以后还需要消化。在喂奶的同时，妈妈会拥抱着他，每天还会给他清洗、抚摸。所以，皮肤的接触，让我们有非常多的原初记忆。

"皮肤反应"反映了关系的距离

前文中提到，皮肤有亲密、界限的心理象征。襁褓中的婴儿感受到舒适的环抱，他接触的皮肤特别舒服，他就得到了保护，就有了安全感。当妈妈抚摸他的时候，他又得到了亲密感。如果我们给孩子裹得太多太紧，孩子就会觉得不舒服、不能舒展，甚至会有疼痛感。这些感受，会让婴儿想要远离，远离的方式就是通过哭闹或皮肤反应来表现。

有位学员说，她的皮肤有一段时间经常出现过敏，而且反复地复发。她日常生活和工作的环境都没有发生变化，以前也从来没有出现过皮疹的现象。她留意到，在那段时间她与合伙人经常发生意见上的冲突，忽然某天身上就起了皮疹，这个症状一直持续，直到她与对方的合作关系结束，皮疹才慢慢消退。最初，她觉得合伙人是挺合适的伙伴，因为对方性格温和，恰好可以弥补她偏激的一面。但是，在合作期间，她感觉心理的难受程度比皮肤过敏还要高，总有些说不清的排斥与抗拒。在没有形成合作关系之前，她与对方相处得非常舒适，她很欣赏对方能保持平稳的情绪状态。结束合作关系后，她与对方的友谊并没有破裂，仍然能保持像过去那样舒适的相处状态。她就不理解，那段时间皮肤过敏的状态，到底在提醒她什么。

皮肤的反应，是一种特别直接的反应。它又分为热反应和冷反应。

热反应的表现是红、肿、热、痛。你可以直接看到皮肤的疹子，疹子可以是红的，可以是痒的，可以是痛的，也可能会起泡。总之，可以看到性状有改变。只要是有这种激烈的改变，都称之为热反应，它是炎症的表现。

这和我们的免疫反应有关。我们身体免疫功能的主要执行者是淋巴系统，如果外界异常的东西通过皮肤进入身体时，身体就会释放出敏感的信号，提示身体受到了侵犯，于是就调动免疫部队释放淋巴细胞去杀灭异常的东西。但是，有的时候免疫系统就像李逵杀红了眼一样，自己人也砍。这就是超强的免疫反应，不仅把敌人杀死，也把自己人砍死，反应就特别强烈，有的人的皮肤上会出现大片的红斑。当然，免疫反应也不能太弱，如果完全没有免疫反应，病毒细菌就可以肆无忌惮地侵犯人体，比如艾滋病（获得性免疫缺陷综合征）。

冷反应的表现是皮肤冰凉、脱屑、缺少营养，易长冻疮，等等。这往往是父母和孩子之间很少有皮肤接触有关，所以皮肤很少能得到呵护，经常脱屑，皮肤的质量不好。

皮肤在心理学上的意义是呈现婴儿在早期和母亲接触的感受，因为皮肤是面积最大的一个身体器官，它代表了早期和母亲的原初记忆，是热情还是冷漠，是轻柔还是粗暴，是安全还是危险，等等。皮肤的反应也会反映我们人际关系的距离。

皮肤呈现了内心的情感

其次，皮肤的反应，也代表了内心的某种情感。常见的情感有愤怒、羞耻。人在愤怒的时候，脸部皮肤会发红。皮肤反应常常和亲密的接触有关，与羞耻感有关。人害羞的时候会脸红，但有的人是脸红，有的人是脖子红。例如，有位女性，她早年有被性侵的经历。每当治疗师和她讲到与性有关系的话题时，在表情上她看起来没有什么异常，但是她脖子这片皮肤就出现了大片的红块，看得非常清楚。这反映这个话题对她来说是一个特别敏感的话题，皮肤变红就呈现了愤怒、羞耻的情感。

亲密、界限的心理象征，表明皮肤接触能验证关系的信任程度。通常，我们只有面对特别信任的人时，才愿意和对方有亲密的接触，包括去医院检查，有的时候，你需要对医生有足够的信任，才允许他来检查你的身体。

有位学员说她出现严重的皮疹，是在与合伙人合作期间，双方有意见上的冲突。而且皮肤的问题还比不上心里的膈应，她已经能把皮肤反应和事情人物链接在一起来觉察了。于是，我又问她在合作的过程中，合伙人让她联想到谁？

她说，合伙人让她联想不到身边的任何人，没有与合伙人相似的人。她早年接触最多的人就是奶奶，她从小由奶奶带大，一起生活了十几年。但是，奶奶并不温和，而且要求和规则特别的多。

她印象最深的就是爷爷给奶奶煮面条，奶奶会要求面和汤水的比例是多少，面条的软硬度是如何，葱花要撒多少，要切成多少厘米，不但要保证味道，还要求配比好看。奶奶对生活品质有很高的要求，在没有电熨斗的年代，奶奶都能保证家里的床单被套一个褶都没有，所有的衣服都会叠得整整齐齐，拿出来都是笔挺的。她从小到大，所有的衣食住行言谈举止，都被奶奶用这套标准来要求，奶奶脾气不好，要求又多，这让她苦不堪言。因此，她从小就希望能够早日脱离奶奶的"魔爪"。虽然现在她跑到几千公里外的城市来生活，不用再面对奶奶的脾气和要求，可是自己又开始莫名地认同奶奶的做法，平时对工作生活也会有很高的要求，对男朋友也变得很有要求。有时候她又会想念和奶奶一起生活的日子，因为奶奶可以把她的起居饮食照顾得特别好。

虽然她说身边没有像合伙人那样性格温和的人，但是她的成长背景也让我们多了一些思考。她是由奶奶带大的，早年的时候觉得受到奶奶特别严厉的管教，所以她特别期待远离这个家，远离奶奶的规则和要求，她认为自己应该要过得更轻松一点。可是，在骨子里，她又认同了奶奶的生活方式，她对自己有要求，对生活有要求。这是她人格的矛盾面。

所以，我们可以想象，在人格的发展过程中，她形成了两种人格，一种人格就像奶奶那样，特别严格，要求高；另一种人格就像合伙人那样，性格温和，待人宽松。因此，她在现实层面找到了一个可以互补的合作伙伴，通过合作的关系来整合内在的两种人格。

其实，在成长的过程中，她可能一直在试图整合自己的人格。我们知道，在人际交往的过程中，人与人的界限是可近可远的，是一种可以调节的过程，没有固定的标准。但是，对于她的奶奶来说，似乎永远只有一个方向，只有一种标准，不能有任何的放松。因此，在人格形成的过程中，她要去整合这个部分。比如，跑到千里之外的城市生活，却又发现自己莫名认同奶奶的做法和想念奶奶；找了个性格温和的合伙人，却总是觉得膈应。由此可以看到，她其实一直在整合这个部分，包括她的亲密关系，她也提到了她对男朋友也变得很有要求。这里的"变"，既是亲密关系的距离的调整，也是她内在人格模式的整合。在这两种人格整合的过程中，她产生了非常多的内心冲突，这些冲突会在她的亲密关系上呈现，也反映在她的皮肤上。

抽搐——
不能释放的力量

有学员说，她小时候经常有种状态，在特别生气的时候，她整个身体会变得麻木，双手会发麻僵硬成鸡爪状，然后全身都动不了，一直哭。身体变得麻木的时候，她会想象自己的拳头变得特别大，但是拳头的内部是颗粒状的。她还有种感觉，想象中的两个巨大的拳头，一个是外婆，一个是妈妈。最近一次出现这种状态，是她与老公发生争执之后。她认为婆婆重男轻女，老公觉得她胡说八道，争执过后，老公倒头就睡着了，她躺在床上默默地流泪。想象中的拳头又变得非常大，压得她喘不过气来。

这种情况在临床上见到的，常常是癔症发作时的表现，伴有肌肉痉挛，从而出现抽搐，双手僵硬像鸡爪的情况。人缺钙的时候，也会伴有肌肉痉挛的表现，也就是我们常说的抽筋。而这位学员也说到，这种情况常常是在她生气的时候出现，也就是说是心因性的。无论是抽搐时的鸡爪手，还是意象中的巨大拳头，这都属于骨骼肌肉系统，与我们身体的运动系统有关系。

运动系统有两大作用，分别是逃跑和战斗。因为关节和肌肉的运动，人才能迈开步子，能够帮助我们逃离危险或参与战斗，这两者都是为了活命。

这位学员在想象中呈现了巨大的拳头。拳头能够打出去，这就代表了攻击性的释放，在心理学上的含义则是表达愤怒。但是，我们有另外一番思考。首先，她在现实中发作并没有以拳头的形式呈现，只是在想象中有变成巨大的拳头。其次，她发作的动作是一种失控的表现，类似于惊恐发作，一个人完全无助的状态，出现发抖、全身抽搐、手指僵直麻木如鸡爪状。

在对这种状态的病人进行治疗时，有一种可以快速让癔症病人恢复的方式，就是轻轻抚摸她的皮肤。皮肤的抚摸，会让她感受到母亲带来的安全与呵护。很多人在僵直状态下被抚摸之后，身体就会慢慢从麻木的状态中恢复过来。所以，出现鸡爪手的状态，就代表她的内心像小婴儿一样的无助。同时，她的想象中却又出现了拳头，想象中的巨大拳头的内部是带有颗粒状的，而不是有肌肉的。什么东西是带有颗粒状的？肌细胞的形状细长，呈纤维状，所以肌细胞通常也称为肌纤维，肌肉都是纤维，脂肪里面才是颗粒。所以，她描述的这两个巨大的拳头，是没有什么力量的。

此外，她还有个想象，这两个拳头分别代表了她的外婆和妈妈。那么，我问她，为什么会联想到这两个人。她说外婆生了好几个孩子，但是最终活下来的就只有她妈妈和小姨。在她小时候，外婆就常常对她说，自己在生养这两个女儿的过程中经受的苦难。因为在当时的大家庭里面，没有生下儿子，外婆被众人瞧不起。妯娌之间有非常多的矛盾，外婆生下的男孩夭折时，妯娌们还在旁边拍手唱歌，外婆觉得受尽了屈辱。她老家重男轻女的现象非常多。她妈妈也生育了三个孩子，都是女儿。妈妈曾经还跟她说，想把她换到邻村的一个家庭，那个家庭生了三个男孩。当时两家人还一起商讨过这件事情，最终没有换成，是因为她出生的时候哭声特别大，像个男孩一样。她说，小时候听到妈妈这么说还觉得是在夸自己，现在就越发得觉得这是重男轻女的毒瘤。

在她生孩子之前，妈妈对她说，如果生下来的是女儿，婆婆不喜欢的话，就在医院旁边租个房子，住到满月就回娘家住，她当时觉得妈妈很为她着想。她生了女儿后，在坐月子期间婆婆其实很尽心地照顾她，可妈妈依然会说婆婆看孩子的眼神不对，给她传递很多负面的信息，这也让她非常难受。后来，婆婆帮忙给他们带孩子，每次说起女孩子会怎么样的话题时，她就特别敏感。那个时候，她会压抑自己的感受，尽量不和婆婆起冲突。最近，他们考虑让孩子去哪家幼儿园，她听到婆婆说女孩子不用上那么好的学校时，她就非常愤怒，也因为这件事情跟婆婆发生了非常大的冲突。这就是她和老公争执的话题，她觉得婆婆重男轻女，但是老公并不认同。

那天晚上，她做了很多的自我觉察，她觉得婆婆确实是有些重男轻女，但不至于像她妈妈或外婆那样，有过那么多创伤的经历。她觉察到，好像她也代入了妈妈和外婆的角色，把她们生了女儿之后的情绪都呈现到了自己身上。

由此，我们也可以看到，她出现肌肉痉挛、抽搐的表现，是有很多愤怒的表达与抗争。她心里是有某种和生男孩有关的情结，她的整个家族可能都有这种情结。比如，她的外婆生了好多个孩子，最后只有她妈妈和小姨活下来。她妈妈生的全部是女孩，她自己生的孩子也是女孩。所以她对重男轻女的话题特别敏感。在她的意象中，充满颗粒的拳头，可能是她作为一个女孩，象征性地承担了男孩角色的责任。

恐高——
一个既渴望又害怕的地方

"其实，风筝也恐高。只不过，它信任牵着它的人。"这是我在网络上看到的一句话。或许，我们可以从这句话来理解恐高的某种心理状态。

有位学员说她恐高，恐高到什么程度？她小时候玩跷跷板都头晕，一大堆孩子坐在跷跷板上玩，她坐在中间都容易掉下去，也不敢玩荡秋千。坐在秋千上，她心里就很恐慌难受，如果别人稍微推一推秋千，她就像晕了一样，出现完全失控的感觉，特别害怕。早年她去医院检查过，不是梅尼埃病（又名美尼尔病），也没有前庭神经炎，听力也很正常。如何理解她的恐高呢？

从耳朵的耳道往里，有三个半规管、椭圆囊和球囊，合称为前庭器官，也叫前庭系统，它是人体对自身运动状态和在空间位置的感受器。我们运动的时候，会刺激三个半规管或椭圆囊中的感受细胞。患有前庭神经炎的人，会出现眩晕发作，老是觉得地是歪的，站不稳，这往往是前庭器官出了问题。

父母有个动作是与前庭系统的生长发育有关系的。

先说母亲对待婴儿的态度。有的母亲基本上不接触婴儿；有的母亲会接触婴儿；还有的母亲不仅接触婴儿，并且会有节律地晃动婴儿，有很多的身心互动。这三种状态下成长的婴儿，以后发展出来的心理是不一样的。没有被母亲接触的婴儿，往往会发育不良，因为妈妈没有来抱他。那些有和妈妈接触的孩子，他们能吃能喝长得也快。但是，妈妈光抱了还不算，还得有互动。这种互动常常就体现在妈妈怀抱着婴儿，有节律地晃动的动作。母亲的晃动，常常是在水平层面，而垂直的晃动，则是父亲的信号。

父亲与孩子的互动，有些动作是母亲很少做，甚至是做不出来的。父亲会做比较激烈的一些动作。母亲做的是轻柔的、幅度比较小的水平晃动，而父亲做的动作，则是比较激烈的。常见的就是举高高和往上抛，或者是荡秋千时用劲推。父亲跟孩子玩的过程中会有这些比较刺激的活动。所以，孩子的前庭系统在不同的运动中，感受到父亲和母亲的不一样，这种感受叫作震颤。

震颤的心理意义是什么呢？在动作上，它是克服重力的感觉。人一旦失去重力，就会产生非常奇特的感受。有的人特别喜欢蹦极，因为这是少有的感觉。当然，也有的人特别害怕蹦极，因为这是不熟悉的感觉。这种心灵的震颤，意味着你是否能够接受在地球上克服向下的重力的感觉。

父亲抱着孩子向上抛，会使孩子产生心灵的震颤感。首先，这是孩子不熟悉的感觉，这个感觉特别独特，似乎没有重力了。其次，这是孩子和父亲的链接，孩子感受到来自父亲的爱——"父亲跟我在一起"。最后，孩子和父亲之间会因此产生某种信任。因为父亲接得住他，而且他看得见父亲接住他时的面孔。这时，孩子会看到一个差异，在他被抛起来的时候，他发现了父亲和母亲的不一样。我们如果平时留意这个场景，会观察到孩子尖叫的反应，很刺激。妈妈在旁边看着会担心有危险，但是爸爸若无其事，哈哈大笑。在这个过程中，孩子觉得自己受到妈妈特别的关注，还感受到被爸爸抛起再接住的刺激与喜悦，这些感觉就构成震颤的心理现象。

如果个体没有过这种感觉，比如说缺乏父亲，或者是在发展与父亲链接的关系中有缺陷的话，有的人会表现出恐高。如果从心理上溯源，要不就是母亲没有晃动的这个动作，要不就是没有与爸爸的链接。最后，这种缺失可能演变成某种症状，或者是恐高，或者是容易晕船，因为与之相关的是前庭系统的问题。

听到上述解释后，这位学员说，她晕车也很厉害。她去上大学时，一离开家门就开始晕车，有时在手机上查公交线路也会出现眩晕的症状。她说，在记忆中自己没有什么与父亲的互动，更不要说玩过被父亲举高上抛的游戏了。父亲每天都很忙，很少关心她。但是，她对一个画面印象特别深刻。小时候，有次父亲骑着自行车带她去外婆家，可是她从自行车后座掉了下去。掉下去之后，她就在后面追着自行车跑，好不容易追上了，就紧紧地趴在后座上，也不敢跟父亲说话。她一路上就保持着这个僵住的姿势，一直到外婆家才放下心来。或许，这就是她最早的恐高体验，有一个既渴望又害怕的地方。而不恐高的风筝，是心里有根线在牵着它。

便秘与腹泻——
用控制防止失控，用失控获得控制

有位学员说她从小就受到便秘的困扰。她在家的时候会便秘，但是她在学校就很正常。这种状态持续到现在，她每天早上都要提前一个小时到单位，因为这时大家都没有来上班。那么，她在洗手间可以很正常地排便。周末在家的时候，或者她觉得紧张的时候，她就不能正常排便。可以发现她的便秘是和家有关系。那么，如何从心身的角度来理解她的便秘呢？

弗洛伊德的人格发展理论中，1～3岁的年龄段被定义为肛欲期。肛欲期最显著的心理特点就是控制与被控制。在这个阶段，肛门括约肌逐渐变得发达，孩子开始能够在一定程度上控制自己的大小便。

但是，我们也会发现，有时候孩子可以控制自己的大小便，有的时候又好像控制不了，甚至他控不控制得住还取决于他的心情。从生理层面来说，他可能是控制得住的。但从心理层面来说，他可能是有些对抗的。孩子可能会有这种想法：你要我这样做，我偏不这样做。所以，孩子在1～3岁的时候，逐渐学会了控制大小便，但在这个过程中，他在心理上觉得自己是被父母亲要求这样做的。

所以，那些跟父母对抗特别激烈的人，往往会出现尿床的现象。也就是白天控制得住，晚上控制不住。当然，成年之后，这个现象就表现为便秘和腹泻。我们可以从这个角度，去理解大小便所带来的心理象征，有权力斗争的意味在里面。

在家时出现便秘，不在家时反而能正常排便。这说明了什么？说明家里有她不想面对的人或事。当然，这里指的家，不一定是她现在居住的房子，而是她内心中那个家的意象。也就是说，孩提时在家里的感受和躯体记忆在影响着她。有可能是，她小时候在家里不排便，就意味着忤逆父母的愿望。我们知道，很多父母经常对孩子说，你该去拉便便了。有时候，哪怕小孩子没有便意，父母也会强行让孩子去排便。于是，孩子就会出现与父母对抗的心理，就是不拉。这意味着她在内心中存在着针对权威的对抗和斗争。这就是控制与被控制的内在冲突导致的心身反应。

所以，这要回到她与父母的关系，她与权威的关系，或控制与被控制的关系中来理解。比如说，目前是否存在某个对她实施控制的人。这个人可能是父母，可能是上司，也可能是伴侣。比如说，父母的逼婚，或者上司的独裁，也可能是伴侣非常多的控制等，导致她出现便秘的心身反应。便秘，是在象征性地表达对控制的对抗。

假如你特别地压抑，你的身体会有反应。长此以往，这不是好事，因为你内在的冲突没解决，身体反应积累过长，会出现躯体慢性疼痛或长期便秘，这是我们要去觉察的。

如果说便秘是控制的表现，腹泻就是失控的体现。人遇到压力或紧张时会分泌去甲肾上腺素，它对血管有很强的收缩作用，能用来升高血压，也会导致血管痉挛。血管痉挛会引起缺氧，肠道的柱状上皮细胞的供血就会减少，肠道的控制能力就减弱，这是心因性腹泻的原因。好比第一次开车上路，有的人会特别紧张，经常搞不清楚刹车和油门，车子就失控了。紧张和压力的心身反应会表现为腹泻。

但是，前文提到一个观点，疾病是可以获益的。腹泻，也可能是通过失控来获得控制。

有位学员说，她母亲经常无缘无故地腹泻。母亲的理由是吃东西吃坏了肚子，但大家平时都是一起吃饭，吃的都是一样的食物。她觉得母亲可能是偶尔有腹泻，却把情况说得很严重，会说拉得整个人都虚脱了，还说自己身体已经不行了等。可是母亲看上去红光满面，说话中气十足。她还专门观察过，她和母亲在家待一整天，也没有看到母亲一天到晚上厕所。

可是，母亲就总是在折腾，经常去各大医院看各种医生。某个医生开了药，母亲吃了以后会说这个药很有效。不到一个星期，这个药就不起作用了。于是，她母亲又说，不能相信医生，会越看越差。然后她母亲就开始各种神操作，找偏方土方来调理自己。调理一段时间后，她觉得又不行，又去另外一家医院再找个医生，然后再一次重复整个过程，如此重复好多年。因此，她怀疑母亲是用腹泻在给她们传递某些信息。

后来，她终于理解母亲腹泻的含义。

她们家两姐妹，她平时和母亲一起住，母亲有什么需要大多是她来负责。母亲说腹泻要多补钙，她就一直给母亲买钙片。但是，她母亲在给她姐姐打电话的时候就说严重缺钙，她赶紧跟姐姐解释家里是有钙片的，结果她母亲又对姐姐说她买的钙片没有用，估计是假的，她姐姐买的才有用。有个很有意思的细节，她照着姐姐买的牌子，买了一模一样的钙片，甚至是同一个口味的。结果母亲还是对姐姐说："你妹妹不会买，吃了一点效果都没有。"当听到母亲这么说的时候，她一度怀疑母亲是不是更喜欢姐姐。其实，她也明白，母亲是想念姐姐了。

所以，母亲的表现跟钙片没关系，跟人有关系。姐姐人没有来，哪怕她妹妹买的是同样的东西，也没有效果。母亲故意在电话中说妹妹买的钙片没有用，其实不是在说妹妹的不是，而是在对她姐姐表达："我想你了，你什么时候来报个到。"

她母亲的腹泻，其实就是我们之前说过的继发性疾病获益。因为生病的时候，能够得到自己想要得到东西。

口腔——
在获得中发现，在品尝中体验

　　德国精神分析师卡尔·亚伯拉罕以弗洛伊德的理论为基础，细分了人格发展的阶段。

　　弗洛伊德认为口欲期是 0～1 岁，口欲期人格的表现包括特别多与口腔相关的内容，比如拼命地吃或者不吃，吃了以后吐出来或是把食物含在口里不咽下去。亚伯拉罕根据吸吮和啃噬这两种不同活动，将口欲期细分成两个子阶段，分别为前口欲阶段和后口欲阶段。前口欲阶段大概的时间是 4～6 个月之前，也就是出生后至添加辅食之前。因为 4～6 个月时，婴儿的牙齿开始长出来，这个时候才能给婴儿添加辅食。当然，此时的辅食也是做成菜泥之类的，但是婴儿至少可以嚼。4～6 个月之后则为后口欲阶段。

获得带来的感受

　　在前口欲阶段，婴儿没有长牙，食物就是一个被"获得"的过程。有些孩子有含食的表现，原因之一是跟"获得"有关系，因为他很难有"获得"的感觉，所以获得之后就舍不得把食物咽下去。

前口欲阶段心理发育出现问题的第一种表现，是性格比较马虎，做事粗糙。因为婴儿没有牙齿，不能仔细地品尝，所以往往囫囵吞枣，而不是细嚼慢咽。从象征层面来看，这就是马虎粗糙的性格特征。这也引出第二种表现，就是急于获取，不求质量。像之前新闻报道的某品牌抢T恤事件，有人百米冲刺，手机掉了也不管，有人大打出手，只为一件不合码数的衣服，还有人跟着人群疯狂行动，发现去了一家 logo 相似的商店，他们甚至不知道到底抢的是什么。这些人内心中有种"缺"，也就是心理获得感是缺少的。

有的人在成长的过程中从来没有体验到"获得"的感觉。有位学员说，他离家里的好东西总是远远的，有什么好吃的或新衣服只给弟弟，他只能眼巴巴地看着弟弟吃。一旦他口里有了什么东西，他就先咬了再说，这就是心理上的"缺"。因为心理的获得感是缺少的，所以他会表现得急于获取，不求质量。

但是，由于他内心中有很强的愤怒，他吃进去以后往往会伴随一个动作，把吃到的再吐出去。没有是不行的，有了之后再吐出去，才可能把之前得不到的情绪表达出来。所以，在亲密关系中，与他接触的人会感觉到，一方面他想要得到爱，一方面他又对获得的爱有情绪。比如有的女性，一直没有感受到获得感，她经常问男朋友："你爱不爱我？"我听过一个比较经典的回答，男朋友说了爱之后，女孩说："你迟了一秒回答，你就是不爱我。"这个互动呈现了心理上需要先获得然后再吐出去的特点。

男朋友说爱的时候，她得到了她想要得到的，但会伴随着某种愤怒的表现。

品尝带来的体验

在后口欲阶段，婴儿开始长牙。如果婴儿在前口欲阶段没有太大问题，能够"获得"。那么，在后口欲阶段，婴儿会发展出品尝、咀嚼的心理功能。牙齿可以把食物咬碎，婴儿在进食的过程中能品尝到更多、更复杂的味道，性格也会变得更细腻。婴儿可能会追求更高的品质，也更能表达自己的攻击性。

和个体的前口欲阶段发展有关系的，是存在感、基本价值感和信任感。在后口欲阶段，有了牙齿，能够品尝，也就有了区分。婴儿可以区分出，这个东西是不是自己想要的，在咀嚼的过程中，他开始有同化和异化的体验，有些东西是可以吞咽下去的，有些东西是要吐出来的。所以，婴儿在咀嚼的过程中会发展出细腻、思考的心理表征。就像我们读书一样，先泛读再精读，精读之后还有反复、思考性地读，逐字逐句地读，甚至还要去翻查资料。

口腔是获得食物的地方，婴儿接触的第一种食物是母乳。这份"获得"，在心理的象征就是爱。同时，这个过程也象征着，是否能得到爱，得到的爱是不是恰当的。有的女孩失恋后拼命吃东西，可以抱着各种零食不断地吃。这导致了一个非常典型的心身疾病——贪食症，她不断地获取，不断地吃东西。然而，她吃进去的东西没有经过品尝，因为这不是她真正想要的爱。如果真正的爱在这里，她就不会有这种症状，她的行为只是在表达她很想"获得"。此外，贪食症还有诱吐的表现，比如用手抠喉，或服用催吐剂，让胃产生痉挛再吐出来。这是矛盾的状态，一方面拼命通过进食的方式去获取爱，另一方面又觉得这种爱不是自己想要的，所以拼命地排出去。

有位学员在觉察的时候，回忆起一个很清晰的画面。她3岁时被父母送到奶奶家。进门之前她极度不情愿和不舍，感觉像是被父母丢到奶奶家一样。但是脚尖迈进门槛的那一刻，她立马变了一个人，变得异常开心。她说，在奶奶家，她就像是进了猫窝的老鼠，表面的开心掩盖着内心的强烈求生欲。

她回想起那天的午饭，虽然她嘴里在吃着东西，但是根本不知道自己在吃什么，不知道什么味道，她只在想大人们在说些什么，有没有说关于她的部分。所以那顿午饭她吃了两个小时，她第一个上桌，后来大家都去午休了，等大人们午休起来她还在吃。她经常消化不良，她总觉得自己吃的东西只能到食道，进不了胃。她总是有一种很浅的感觉，经常会不断地进食，不断地吃撑，也不知道是饿还是饱。完成这个觉察之后，她说，原来爱没有进到胃里面。

练习：觉察口腔与食物的关系

大家可以尝试做这个觉察练习。

思考一下，你从小到大最喜欢吃的是什么，这种食物对你来说有没有什么特别的含义？围绕着你的口腔去觉察，你平时吃饭是快还是慢？吃饭的时候有没有什么特别的习惯？你是喜欢吃偏硬的食物，还是吃偏软的食物？有的人喜欢吃肉，有的人喜欢嚼骨头，有的人喜欢吃鸡翅，有的人喜欢吃鸡爪。不同的食物在口腔里的感觉是不一样的。你最喜欢的食物是什么样子？你口腔里的感受又是什么样子？你有没有口腔疾病？比如有的人一吃某种食物就出现口腔溃疡。你有没有某些口腔咀嚼习惯，比如有的人经常喜欢嚼东西或含东西等。你可以从你的习惯来源开始觉察，你家里有什么样的饮食习惯？如果你有孩子，你可以回想一下你孩子的饮食习惯是什么样的？孩子形成的饮食习惯和你对待他的态度有没有什么关系？

做几次深呼吸，安置好自己，然后去觉察一下你的口腔和食物的关系，你会发现这也许是有意义的。口腔，是获得食物的入口，也是获得爱的通道，只有获得爱才能品尝爱。只有品尝爱，才能在亲密关系中发现，哪些是想要的爱，哪些是伤人的爱。

乳房是母亲的象征，
母亲是乳房的延伸

无论男性还是女性，乳房是所有人的原初客体。

乳房能够产生乳汁，给婴儿提供营养。婴儿要活下来，一定要有个人能够照顾他，这就产生了情感依赖。

关于乳房的哺乳的功能，大家有各种不同的观点。比如，有人认为母亲就应该哺乳，如果母亲不哺乳，就不是合格的母亲。在断奶这个问题上，有的母亲认为要喂到自然离乳，喂到孩子不想吃为止，她们认为喂奶要喂到 4 岁。我问过其中一些母亲，她们说，孩子开始吃辅食以后，奶水就很少了。这也意味着，她们的哺乳，孩子不是在吃奶，更多是在含着母亲的乳头而已。

乳房，是母亲的象征

对于早期的婴儿，母乳具有提供营养和增加免疫力的作用。婴儿在出生几个月之后，还需要增加辅食，否则营养就跟不上。这个时候，母乳象征母亲的心理作用，就大于它的营养作用。

婴儿通过和乳房的接触，认识了他的母亲。婴儿每天都含着它、摸着它、闻着它、看着它，有非常多的心身互动。乳房，就成了婴儿成长过程中一种非常深刻的意象，婴儿通过乳房这个局部客体，认识了给他提供食物与温暖的母亲，母亲的象征给予和包容。同时，我们也可以看到诗词歌曲中"祖国母亲，你用甘甜的乳汁哺育了我"这一类象征性的表达。

为什么有的孩子不喜欢乳房，喜欢奶瓶呢？其中一个原因是，有的女性乳腺管堵塞，孩子总是很难吸到奶水，吸不出来奶水，导致孩子非常烦躁。孩子发现吸奶瓶很容易后，就变得不要乳房了。所以，婴儿不仅要得到乳房，还要看能否获得乳汁和营养。

梅兰妮·克莱茵认为，婴儿将母亲认作两种不同的乳房。一种是"好乳房"，一种是"坏乳房"。好乳房是可以亲近的，可以获得营养的，是温暖又善良的存在。对于坏乳房，婴儿是极其憎恨的，他们常常会有吐奶、撕扯、烦躁的表现，甚至出现口腔溃疡的心身反应。健康发育的婴儿会慢慢整合"好"与"坏"的分裂，"好乳房"与"坏乳房"都是母亲的一部分。

断奶，最早的被抛弃体验

乳房既有给予的象征，又能产生被抛弃的体验。人类最早的被抛弃体验就是断奶。断奶不仅仅是断了乳汁，更主要看是否断了与母亲的链接。断奶意味着母亲减少与婴儿在一起的时间。母亲可能去工作了，婴儿断奶期间可能半个月都见不到母亲。婴儿形成的原初印象是乳房，突然乳房不见了，熟悉的人也没有了，婴儿内心的稳定会产生特别大的落差。所以，断奶就成了很多孩子痛苦的回忆。对乳房的爱恨情仇，就成了我们原初的记忆，这份记忆会在未来的亲密关系中呈现各种心身反应。

举个例子，有学员给孩子喂奶18个月，她来参加我的工作坊，说要坚持喂奶到2岁。我很好奇，为什么不是一岁半或三岁，为什么她坚持定为2岁的时间点。我问她时，她突然就哭了。她说，因为她的母亲正是在她差不多两岁时离开了她。她母亲曾经轻描淡写地说，因为当时要出差，想着顺便断奶，于是离开了她，她哭了整整一个多星期，身体也出了些症状。母亲向她讲述这些过去的事情时，她的反应没有那么大，也不知道自己为什么坚持要给孩子喂奶到2岁。

我在课上讲到这个部分时，她理解了自己的坚持。虽然我也告诉她，在营养足够的情况下，只要母亲仍能给予孩子有质量的陪伴，孩子断奶也没有问题，但她依然想坚持哺乳到孩子2岁。听了她的成长故事后，我说："那就好好喂他。"我说了这句话后，她非常激动，觉得自己终于得到了允许。

从这个例子可以看到，母亲的哺乳功能，有很多的心理含义。从营养的角度来看，现代社会已没有太严重的营养不足问题。但是，母亲的给予或不给予则有很深的含义，跟个体早年的经历有关。例子中的这位女性，作为母亲，她是想给予的。她想给予的原因，很大程度是因为她自己在一岁半到两岁的节点上遭受到一次被抛弃的创伤。所以，她的给予，是跟过去的经历有关。她通过给予，也在修复自己被抛弃的创伤。

母亲的给予功能

反过来，有的女性会非常排斥哺乳。她们表现得非常在意自己形体的变化，担心哺乳会影响乳房的形态；或是觉得不舒服，说哺乳的时候孩子老是在咬。她们有各种各样的理由，内心深处的心理原因可能是她母亲的给予功能不够。母亲的给予功能不够，很可能跟前面的例子是一模一样的，母亲没有给予，她就发展出两种表现，一种是我要拼命地给予，一种是我都没有得到，我为什么要给。

是不是一味地给予就是好的呢？那也不一定。

孩子哭的时候，有的母亲会特别焦虑，以为孩子是想吃奶，或者是认为只要孩子吃奶就不哭闹了，其他不重要。如果母亲不去理解孩子想要什么，只是一味给予，婴儿往往会出现一种很常见的新生儿症状，肚子疼。肚子疼的表现是孩子哭闹不已，而且原因不明。孩子的哭闹很难缓解，但检查没有发现器质性原因，而且哭闹也出现在喂奶后。如果观察母亲对孩子的态度，会发现母亲不是给得少，而是给得多，只要孩子一哭闹她就给，只要她一给，孩子就哭闹。有意思的现象是，这种情况在三个月后突然开始好转。一种解释是，三四个月后，孩子逐渐习惯这个环境，不是特别恐惧外界环境，他的注意力开始从"向内"转为"向外"。因此，他肠道的疼痛感会减少。

这给父母一个提醒，一味地给予并不是真正对孩子好。给予的爱和营养过多，可能不是他想要的，这也是前面章节提到的，父母变成兴奋性客体。温尼科特还提出一个很有意思的名词，叫作"他人在场时的独处"，一个孩子很安静的时候，其实是他内心中在发展思维的时期。他醒来时，不一定马上要妈妈抱，也不一定马上需要吃奶，他会有一些短暂的自己的空间，这个空间对孩子非常宝贵，可以发展孩子的大脑细胞。

断奶，
爱恨情仇的原初记忆

　　断奶，是孩子离开母亲的重要步骤，也是成长的必然。断奶过程，对孩子和母亲来说，都不容易。给孩子断奶，并不是单纯地停止哺乳，很多母亲在断奶时可能会产生焦虑。

　　孩子吸吮母亲乳头所带来的感觉，会让母亲产生强烈的自恋。因为这个小生命是从母亲体内分娩出来的，这个小生命完全依赖母亲。有的母亲在哺乳孩子时，她会有种全能的感觉，在这个世界上，终于有一个人全神贯注地盯着自己，她会觉得孩子是多么地依赖自己。如果孩子断奶，就相当于断掉了母亲的自恋感觉。断不掉的奶，不仅是孩子的问题，也有母亲的因素。因此，断奶不仅仅是孩子的成长创伤，也可能是母亲的创伤。从母亲的心理动力上来说，断奶意味着孩子没那么需要母亲了。所以，有的母亲在断奶的过程中特别焦虑，这些焦虑会通过她的表现和行为传递给孩子，孩子就会变得断不了奶。

　　反之，孩子难以断奶，也跟母亲的态度有关系。为什么有的孩子轻轻松松就断奶了，是因为母亲在陪伴孩子、照顾孩子的过程中没什么变化。另一种情况是，母亲因为断奶而焦虑，会导致表情、行为改变，甚至消失，会使得孩子特别紧张。这时候的断奶，不仅仅是断掉营养上的乳汁，更是让孩子感觉到，断掉的是母亲这个人，这就让孩子产生恐惧和焦虑。孩子通过摸到乳房，有与母亲肌肤的接触，才能够获得母亲还在的感觉。因为他觉得焦虑的母亲不是他原来的母亲，他想找回失去的那个母亲。

母亲的回归，能瞬间疗愈孩子

我的一位学生，她有两个孩子，第一个孩子是男孩，已经5岁，养育第一个孩子的时候她没有怎么喂过奶。养育第二个孩子时，她更能进入母亲角色，非常自然地用母乳喂养孩子。她在给女儿哺乳的时候，5岁的儿子眼巴巴地看着。若是之前，她会用很凶的眼光责问儿子。她在课堂上说起儿子的表现时，我跟她开玩笑说，她的这个反应，好像是在回应周围的男人对她的觊觎之心。儿子没有怎么吃过奶，可能就是想和妈妈亲近。听了我的课之后，某天她看到儿子又在眼巴巴地望着时，她就对儿子说："你是不是也想吃？"儿子马上就点头了，她就允许了。

结果，这个孩子从5岁的状态一下就倒退到两三岁，讲话变得奶声奶气，还要跟妈妈睡一张床，妹妹所有的玩具他也要有一份。过了几天，儿子要妈妈像对妹妹一样端着他尿尿。其实儿子已经能够独自入睡和如厕很久了，她的腰也不舒服，作为母亲，既然答应了儿子，她还是准备把儿子抱去卫生间，走到一半的时候，儿子说："妈妈，你把我放下来吧，我太重了。"儿子说出这句话时，她充满感动。她感觉到儿子从那一刻起，真正变成了一个大孩子，回到5岁孩子的感觉。她后来开玩笑地跟我说，那几天她差点就想骂施老头把她给坑惨了。

这就是母亲的回归，能够瞬间治疗因为丧失母爱而导致的创伤。

对于类似孩子的这种想要摸乳房的心态，特别在有了弟弟妹妹时，我们都要想到，他是想回到母亲的怀抱，想要获得母爱，想重温当年和母亲在一起度过的特别温暖的、特别被照顾的时光。还有一种心态是，因为他没有得到过这样的待遇，现在得到了这个待遇，他验证了妈妈是爱他的，然后他放心了，回到5岁。因此，对于孩子断奶后想要吃奶摸乳房的行为，我们要想到的是，孩子在生理上已经发育到不需要母乳，但在心理上可能还停留在需要母亲的精神安抚。

断奶留下的身体记忆

断奶的字面意思是断掉母亲的奶水。母亲的奶水，是个偏正词组，我们往往把它变成了并列的词组。断奶给孩子的感觉是，不仅奶没了，连母亲也没了。民间很多断奶的方式非常激烈——

抹黄连水、涂清凉油等，有的母亲直接玩失踪。对孩子来说，最大的灾难不是奶水没有了，而是母亲消失了。上文说过，乳房是母亲的象征，母亲是乳房的延伸。婴儿要得到母亲的陪伴、照顾与关注，才能建立起依恋。母亲的忽然消失，给孩子带来的创伤会在孩子未来的亲密关系中体现。比如那位坚持要给孩子喂奶到两岁的母亲，断奶的反应会延续到她自己当了母亲。

再举一个例子。

有位母亲，在给孩子断奶的时候，周围的亲人都告诉她不能抱孩子。因为一抱孩子，乳房就会胀，孩子也会想吃，就会忍不住继续要喂，那就断不了奶。虽然她没有抱孩子，也没有离开孩子，依然待在孩子身边，但是她的乳房就出现了剧烈的疼痛，这就是心身反应。

一般怎么理解这种疼痛呢？有的母亲常常怀疑是不是得了乳腺炎（乳腺炎是女性的常见疾病，常发生于哺乳期）。于是，她去做检查，检查结果是没有任何问题。某天，她的乳房又出现了剧烈疼痛，她也不知道为什么，就无意识地把孩子抱了起来。她抱孩子的那一刻，疼痛就消失了，因为疼痛太剧烈，消失又太迅速，这个现象太奇特了。于是，她就去问她的妈妈，她的妈妈就告诉她，在她三个月大的时候，她的妈妈为了断奶，直接离开了她两个星期，她哭了三天三夜。她现在给孩子断奶的时间，正好是孩子三个月大。

大家可以看到，就心身反应而言，断奶带来的疼痛也延续到她给自己孩子断奶的过程，并且以剧烈疼痛的方式呈现出来。这就是身体的记忆，它藏在潜意识中，却是最持久的原初记忆。这些例子都说明，断奶的创伤，给婴儿留下的原初记忆会延续到成年。首先，个体作为母亲，这些记忆保留在她的身体中，她一定要给孩子喂奶超过她以前断奶的时间，由此可以看到她心理发育受到的影响。其次，早期断奶的痛苦经历，使得个体给自己孩子断奶时，会出现相应的乳房疼痛表现。

乳房，女性的身份认同之路

有时候，哺乳过程产生的创伤会导致女性的自我攻击。有位乳房很丰满的女性在给孩子哺乳的时候感到非常挫败，她很想给孩子喂奶，但她的乳腺管堵塞，孩子吸不到奶水，哇哇大哭。她尝试了各种办法，仍没有奶水出来，每次哺乳都以孩子的哭闹不满意结束。婆婆过来把孩子抱走，给孩子冲奶粉。每次婆婆抱起孩子，孩子就不哭闹了，因为孩子知道婆婆的奶瓶可以满足他。婆婆抱走孩子，这位母亲已经非常挫败了，婆婆抱走孩子时还故意说："走，跟奶奶走，咱不受这个气。"她听到婆婆这么说时，当场就崩溃了。她对自己有非常多的自责，觉得自己不是个好妈妈，对自己的女性身份也非常厌恶。其实，她对女性角色的厌恶，在生育之前就存在，只不过在哺乳过程中突显出来。这不仅折射出婆媳关系上的竞争与矛盾，同样呈现女性对自己的身体、性别角色感到痛苦。

女性在成长的过程中，会遇到非常多的女性身份问题，乳房相关的问题尤为明显。女性可以觉察一下，在成长的过程中，有没有碰到跟乳房发育相关的问题困扰。比如，有的人觉得乳房小，想要去隆胸；有的人觉得乳房大，变得含胸驼背，有羞耻感；还有的人觉得乳头不好看，要去塑形。很多女性有各种各样的困扰。你是喜欢你的乳房，还是讨厌你的乳房？你成为母亲时，你是怎么给自己的孩子哺乳的？哺乳的时候，你心情怎么样？反过来，你觉得自己又是怎么样被母亲喂奶的？

母乳，
缺爱的孩子更易母爱泛滥

　　有位学员回想起母乳在自己成长过程中的影响，她才理解早年的经历让她产生的心身反应。她的家庭有三兄妹，她是家里的老幺。母亲喂养她时，奶水挺充足的。但是为了给她断奶，在她半岁左右的时候，父母带着哥哥姐姐去了另一个城市旅游过暑假。整整一个暑假，她和奶奶留在老家。据她母亲描述，她从那时起就出现一个症状，就是绝对不能碰牛奶。她不仅不喜欢喝牛奶，甚至看到别人喝牛奶都会恶心，看到或闻到牛奶的味道，她就有恶心的反应。这种状态一直到她生孩子后才消失。

　　她在青春期乳房发育得很快。整个中学阶段，她感觉非常害羞，走路也不敢抬头走。虽然她的乳房很丰满，但是她生了孩子后奶水一直都不够。用她的话来说，就是胸大无奶的挫败。她说自己的奶水不曾喂饱过孩子一顿，每次孩子吸一吸后就去喝牛奶，从一出生开始就是这种状态。所以她的孩子似乎都说不上断奶，基本上就没有怎么喝到过母乳。她记得孩子还不到三个月大时，有次用嘴吸了两下也吸不出奶水，从此就再也没有吸过了。她看似很轻松地给孩子断了奶，但自己从来没有去面对过内心的一些东西。

　　母乳象征着母爱。缺爱的孩子，成为母亲后变得很煎熬。

她可能会不喜欢孩子，也可能在哺乳时母乳不够。因为激素水平受心理因素的影响，人抑郁的时候，奶水就比较少，心理状况不好会影响个体的免疫水平，也影响到产奶量。

但是，这有可能会出现相反的情况。前文提到创伤匹配的模型，有挫折型模型和兴奋型模型两种。

母乳的缺失

挫折型，是孩子内心总是体验到挫折，总得不到满足。这样的孩子成年后可能会变成兴奋型的父母，会拼命地想满足孩子，就好像去满足那个从未得到满足的自己。因此，我们也会发现另外一个方向。缺爱的孩子长大后有可能变得母爱泛滥。她不仅要喂孩子，甚至还要领养孩子。有时领养孩子的家庭不一定都是有钱的家庭，有些条件不好的家庭领养孩子的也不少。这说明，领养孩子不完全和家庭条件有关，而是和个体的心理状态有关。内心缺爱，她需要更多的爱，也想把爱更多地给出去，养孩子的过程也相当于是心理疗愈的过程。

如果缺乏母爱的是男性，他会通过怎么样的象征性行为来留住乳房的特征呢？一种是喜欢找乳房丰满的女性成为伴侣，另一种就是做类似乳房功能的事情，就是提供营养。比如说成为厨师，或者是前文提到的一个例子，那位喜欢买各种厨具，每餐饭菜都要做七八个菜的企业老板，就是不断地通过"给"来满足自己曾经的"缺"。他们在性格上可能会有非常多母性特征，如比较细致、包容、琐碎等。

女性在成年以后，对女性的认同和对母亲的愤怒，可能在自己养育孩子的过程中得到了松解。前文提到的那位学员有厌恶牛奶的心身反应，在她生了孩子后就消失了。有的女性可能在生产之后，乳腺痛、痛经这些和女性身份相关的症状会得到缓解或消失，这和她终于认同母亲的角色、认同女性的角色、在内心中与自己的母亲有某种和解是有关系的。

但是，有些女性会出现一种相反的方向，即不喜欢孩子。不喜欢孩子的原因是，自己在想象中和孩子竞争。母亲认为孩子得到了母爱，她嫉妒自己的孩子有充足母爱。由于她自己没有怎么得到母亲的爱，她潜意识中可能会产生某种对孩子的攻击。

例如，另外一位学员反馈，生了孩子后，她的乳汁特别多，但她并不是那么热衷于喂孩子。有时候，乳汁太多，会喷出来，孩子没有办法直接吸食，会被堵住鼻子，所以她将母乳挤到奶瓶，让婆婆抱着孩子喂。虽然孩子吃的是母乳，但是孩子并不曾和母亲有过亲密接触。

上面例子反映了一个母亲特别矛盾的心情。如果自己作为孩子，没有从母亲那得到足够的母爱，她对自己成为哺乳孩子的母亲角色，往往会产生矛盾心理。

母乳的淹没

乳房比较大、母乳比较多的母亲，心理表现之一是容易"淹没"孩子。

有位女性，计划要给孩子哺乳到 4 岁。她的乳汁多到喂不完，她就把乳汁留下来，存放在冰箱里。后来冰箱也不够装，她就用乳汁来做肥皂，她还送给我肥皂。

她表现出来的是母乳特别多、冰箱里存放着乳汁、做成肥皂。她给人的感觉是乳房特别大、乳汁特别多，能把人"淹没"。心理学上这叫作吞噬型母亲。

这一类母亲要注意的是能不能及时放手。每天抱着孩子哺乳，坚持给孩子哺乳到 4 岁，冰箱里面全是她的乳汁，做成肥皂的乳汁等，这些都说明她内心中有个特别缺乏母爱的孩子的形象。因此，她要把自己变成一个全能的母亲，所有的地方都笼罩着她的乳汁，都有她的母爱。这类母亲往往容易变成吞噬型的母亲。比如，她全部都是围着孩子转，孩子只要一醒来，充斥的都是她的声音。但是，孩子也需要自己的空间。她的表现就变成了母性的泛滥。

哺乳，是性行为之外的另一种特别亲密的融合关系。成人的过程，是一个分离个体化的过程，每个人都要走向自我。第一个走向自我的标志，就是出生后 6 个月，孩子开始推开母亲，有离开母亲往外爬的动力。这时，心理的分离已经开始了。如果你做婴儿观察就会发现，母亲会自然地把孩子抱过来，给孩子喂奶。有的时候，孩子饱了以后会把头扭开。有的母亲不一定是喂奶，但她要时时刻刻盯着孩子。如果母亲盯着孩子看，孩子会有一个动作，会把头转开不看妈妈，因为太近了，在心理上有窒息的感觉。在现实中，我们也会看到婴儿吃奶时被妈妈乳房压住鼻孔窒息而死的新闻。这就是吞噬型的母亲。所以，如果你是一位母亲，你要去觉察你是否因为缺乏母爱，而导致对孩子母爱泛滥。

子宫，
创造与毁灭的焦虑

如果说乳房的功能是给予，那子宫的功能就是创造。子宫是女性特有的生殖器官，它可以孕育生命，在青春期开始产生月经。围绕着子宫的创造功能，也会产生各种焦虑。

和创造有关的焦虑，不仅是在孩子出生之前。在孩子出生之后，母亲也会产生焦虑。比如，有位女性在怀孩子的时候，和丈夫闹离婚，而且以非常激烈的方式离婚。离婚后，她做了一个决定，一定要把孩子生下来。我们当然会认为，孩子是母亲身上掉下来的一块肉，母亲对孩子当然是抱着善意的，有着天然的血缘关系，有着天然的链接。孩子生下来之后，她独自养育孩子，和孩子也很亲密。但是，随着孩子慢慢长大，长得跟父亲一模一样。这位母亲看到孩子的时候，就会想起前夫的各种不是。她想对儿子好，但是她在生活中遇到挫折，感到孤立无援的时候，就会想到前夫，她认为都是前夫害了自己。因为她怀孕的时候已是中年，算高龄产妇。现在又带着孩子，想要再组建家庭就更不容易了。这时候，她忍不住把气撒在孩子身上。这对她来说是非常矛盾的事情，因为这个孩子是她的亲生儿子，但是自己又无法控制对孩子的敌意。这还是能够意识到的敌意，有的敌意则是藏在潜意识中，这会激发女性成为母亲的焦虑。前面关于乳房的部分提到，小时候没有得到过很好的母爱的母亲，也难以把母爱给自己的孩子。典型的表现是母亲对孩子的拒绝，很少拥抱或表现亲密，无法哺乳或暴力断奶。

还有一种焦虑的表现，是母亲总是怀不上孩子。从妇产科的角度来讲，两次以上的流产就叫作习惯性流产，如果是怀了两次都流掉了，那就要注意了。有习惯性流产的孕妇在怀孕的时候就要特别小心，甚至怀胎十月基本上就要躺在床上保胎。因为有的胚胎在子宫内膜不那么稳固，不知道什么原因，可能稍微走动或用力一下就流产了。

这里面就有女性子宫的焦虑，会影响到她是否能怀孕以及怀孕后是否会习惯性流产。有些习惯性流产的女性，她们的焦虑还不是在于怀不怀得上，反而是对下一次即将到来的怀孕会感到非常焦虑。她们潜意识中对这个孩子生下来有焦虑。例如，有位女性，她流产了 4 次。在访谈中她忽然发现，原来自己的妈妈以前也流产过，而且恰好也流产了 4 次。从动力学的角度来说，她是在用流产的方式向妈妈致敬。她不能超越自己的妈妈，让自己那么容易就成为母亲。我们在心理治疗的时候，会对她说："既然你已经向妈妈致敬了，现在你可以去生育自己的孩子了。"这其实就是在缓解她内心的某种焦虑。

假如一位女性来自一个特别糟糕的家庭，有着痛苦的童年，她极有可能对未来要孕育孩子感到莫名的焦虑与恐惧。首先，她觉得自己无法行使母亲对孩子爱的职责，因为她也没有得到过爱。其次，她担心自己会变得像自己的母亲一样，用类似的方式对待自己的孩子。也许在她还是孩子的时候，她曾经暗暗发过誓，永远不这样对自己的孩子。这些经历，都会使得她对未来是否孕育孩子感到焦虑。因此，有的女性犹豫自己到底要不要拥有这份创造的能力，这就是子宫的焦虑：我是创造还是毁灭？我是怀孕还是流产？

痛经，
身份认同中的愤怒与羞耻

痛经，生理期疼痛是女性比较常见的身体反应。

说痛经之前，我们需要先说到月经。月经往往会给女性带来两种感觉，女性朋友可以在内心回想一下，你来月经的时候，第一感觉是好事还是坏事，是觉得开心还是觉得麻烦。比如，你还不打算要孩子的时候，来月经了，你可能会觉得这是好事，你就不用担心怀孕了。反过来说，很多女性也会觉得来月经不是什么好事，会带来很多的不方便。

假如你是一位母亲，你对女儿来月经会是什么样的态度？假如你是女儿，你来月经的时候，你的母亲又是什么样的态度？如果母亲的态度很高兴，觉得女儿长大了，那么这是对女儿的女性身份的认可。但是，过去很多女性对此是非常避讳的，会说这是倒霉的东西。母亲不和女儿说女性会来月经，甚至还会嫌弃女儿来月经，觉得麻烦。所以，月经在标记你是女性的同时，还可能会标记你是个麻烦。

因此，月经常常和生孩子有关，和好事、麻烦事有关，和母亲、女性的角色有关。

一般来说，痛经的生理原因是子宫内膜的脱落需要排出，在这个过程中，子宫会通过剧烈地收缩来帮助内膜尽快地剥脱，剥脱之后再恢复正常。从某种意义上说，不疼意味着子宫收缩力不强，如果收缩力强的话，它就能排除得比较彻底。但是，有的人会出现异常疼痛，影响到日常生活，也会对自己产生反感，还有人因为疼痛得厉害而把子宫给切掉。

反感自己，就包括了对月经的反感，对女性身份的反感。我们在临床中对痛经特别厉害的女性进行过访谈，就发现不少女性对自己的性别，以及她的母亲对她的性别和态度，都是有问题的。因此，痛经受一定的心理因素的影响。而且，有些女性的痛经，会在她结婚以后，生孩子以后，自然缓解了。原因是，结婚生孩子的过程，强化了她的女性身份。

比如，有些女性，她可能从小就被当成男孩来养，家里重男轻女。或者是母亲在生她之前已经生了几个女孩，等怀她的时候，非常希望她是个男孩，结果又是女孩，母亲就非常讨厌这个女孩。这些女性，在她们的成长过程中，也会变得非常不认同自己的女性身份。因此，她的女性角色成长的过程会非常的艰辛。但是，她如果熬过来，等她结婚生孩子了，她婚前痛经的症状就会改善，因为生孩子的过程，让她的女性角色有了部分被修复的机会。

所以，痛经的一种解释，是和女性身份认同有关系，和母亲对待女儿的态度有关系。

有位学员说，她在第一次来月经的时候，不知道发生了什么。出于恐惧，她就去找妈妈。结果还被妈妈羞辱说她是晦气的东西，而且还被妈妈揍了一顿。因此，她从小就恨自己为什么不是男孩，为什么女孩那么麻烦。她开始束胸，从此再也没有穿过裙子，再也不留长发。但是，每次来月经的时候，她就疼得死去活来。在快来月经之前，她就已经开始吃止痛药了。

我们可以在象征层面来理解，她知道每次来月经就像是提醒她是个女性，但是她在成为女性的过程中，印象最深的就是挨打、被羞辱，所以她要事先准备好了止痛药，以此来迎接代表女性角色的那几天。止痛药，真正止的是性别不被认可的愤怒。

因此，痛经的另一种解释，是和羞耻有关系，和性有关系。

无论是成年女性，还是小女孩，从生理上来说，她都会产生性的生理刺激，会有性兴奋。比如小女孩会夹腿，用枕头磨蹭等动作。前文提到，我们要以去性化的态度来看待，这是孩子对身体的探索，父母要做的是教孩子学会保护自己的隐私。

女性在出现性兴奋的时候，会伴随着阴道湿润的生理现象。有位母亲看到女儿夹腿时，就掩饰地说："小女孩就是很麻烦，她的那个地方总是臭臭的。"其实，不仅仅是性的兴奋，身体的内分泌因素，或是天气热的原因，或是没有注意卫生，也都容易出现有异味的情况。但是，这位母亲这么说的时候，就不是单纯在讲述一个现象，而是有很多内心的投射，投射中就包含了性与羞耻的内容。

因此，对于女性来说，"湿润"是会带来羞耻感的。延伸出来，也就是女性如果有性兴奋，有性需求的时候，也会附带引出早年接收到的羞耻感。所以，很多女性不能允许自己享受性的愉悦。于是，这就表现为心身症状，疼痛恰好可以用来作为某种防御而存在。所以，你如果痛经非常严重的话，要去觉察你和母亲的关系，以及由此带来的愤怒与羞耻。

第四章

亲密关系的创伤与修复

重新认识创伤

什么是心理创伤？

从历史上来讲，创伤和躯体有关系。比如，工业文明的发展导致人为的躯体创伤。有工人在修铁路的时候出现工伤意外，特别是出现车祸、截肢等严重躯体创伤后，有的人听到车的声音或是看到列车的时候，都会产生恐惧的心理。由此发现，这些人不仅有躯体的创伤，还遗留有一些心理创伤的表现，躯体创伤会导致心理创伤。所以，心理创伤是指由导致内心感觉会危及生命的重大事件而引起的创伤。

重大事件创伤有哪些

重大事件主要包括以下三大类：第一类是自然灾害，比如地震、洪水等。这是真的能够威胁到人类生命的事件，这类事件和自然环境紧密相关。第二类是人工灾难，比如工伤、车祸等。这类灾难不是人有意而为之的，但又是伴随着人类科技发展而出现的灾难，所以称之为人工灾难。在生活中，发生率较高的就是交通事故。第三类是人为事件，是人们有意而为之的灾难。不仅包括战争、囚禁、强奸、绑架等，也包括父母对孩子的抛弃、冷漠、贬损与打骂。

也许有人会问，战争等灾难危及生命是显而易见的。抛弃和冷漠为什么也说是会危及孩子生命呢？这里就涉及现实和内在的两个层面。

现实层面我们都可以理解。比如，在车祸中遇险的人，他们有可能会失去生命。所以有的人出现车祸之后再也不敢自己开车。内在层面，就是个体的内在感受。也就是发生的事情或许并没有到危及生命那么严重，可是却产生了很严重的一些后果。

举个例子，一位母亲带着 3 岁大的女孩逛街。母亲要去试衣服，就让女儿站在商场某处等，母亲试完衣服回来时发现女儿不见了。因为小女孩一个人在那等，看不到妈妈，她也不能完全理解母亲说的一会儿就回来到底是多久。于是，她很焦虑，开始慌了，就哭着去找母亲，就没有待在原来的位置。等母亲回来发现女儿不见，也赶紧去找。好在是在商场里面，很快就找到了。因为母亲也吓坏了，也有情绪，所以她没有安慰女儿，而是打了女儿的屁股。边打还边对孩子说："我叫你别乱跑，你就偏要乱跑。"通过这个例子我们可以看到，这位母亲平时可能也会有这种行为模式。首先，在人多眼杂的地方，她竟然可以把一个 3 岁的孩子扔在那，自己放心地跑去买东西；其次，当回来后，她发现孩子不见了，不是去反省自己的行为和安慰孩子，而是把焦虑的情绪发泄到孩子身上，并且动手打了孩子。

越小的孩子，心灵越容易受创伤

　　这种情况并没有危及生命，孩子也毫发无损，但是孩子却体验到了一种毁灭性的感觉。这就是在现实层面没有危险，但是在内在层面会产生存在感崩塌，就仿佛是自己的存在已经没意义了。母亲离开后，孩子的整个世界都要崩塌下来，所以她才会乱走去找母亲。有些父母带孩子逛街的时候，还会故意藏起来躲在远处观看，一定要等到孩子找不到父母，哭得稀里哗啦的时候才出现。有的成年人还很享受孩子哭着担心父母消失的样子，他们乐此不疲地玩着把孩子弄哭再像救世主般出现的游戏。对孩子来说，他忽然发现父母不见了，自己一个人待在陌生的环境中，就会开始慌。对大人来说，这不过是一个逗孩子玩的游戏。但对孩子来说，这可能就是一个创伤性事件，因为在那一刻，他感觉到被父母抛弃了，自己的生命受到了威胁，而且越小的孩子越容易产生创伤的感觉。

　　比如，父母对孩子说："你再哭，我就不要你了。""你要是不听话，我就把你扔了。"这些话语在孩子心中，不仅是一种威胁，更是一种危险。这对孩子来说就是重大的危及生命的事件。但是，在现实中我们其实不把这种事当作一个事件，甚至常常用这些方式来威胁孩子。就像有学员说，她从小到大都听到妈妈若无其事地说，早年是如何地想要把她流产掉，但是因为她命硬，吃了打胎药也搞不下来。这对她来说，就是一个心理创伤。她就一直对自己的存在感到很焦虑，这些焦虑也被带到了她的夫妻关系中，她总是担心丈夫会不会不要自己，就一天到晚要黏着丈夫。

有的父母则是长期对孩子态度不好。有位学员说，在她小时候，父亲经常打她，而且还不许她哭。最初，她会因为疼痛而大哭，但是父亲说："不许哭，你哭我就打死你。你哭得越厉害，我打得越重。"于是，她就不敢哭了。父亲打了几次后，又对她说："你怎么不哭，你还咬着牙齿，我知道你有脾气了，你敢不哭了，我打死你，我叫你不哭……"这种亲子关系往往会导致孩子出现依恋关系的创伤。哭也不是，不哭也不是。这就给孩子带来非常矛盾的感觉，会导致她把这种矛盾的状态带到亲密关系中，她要么找一个总是打骂自己的伴侣，要么找到了很好的伴侣之后，她就变得很"作"，因为不安全才是她熟悉的感觉。父母给孩子灾难性的感觉，是导致创伤的一种强烈情感。与此相反的，是情感的疏远。也就是父母对孩子不闻不问，不管不顾。比如，有的父母长期在外地，把孩子留在老家，孩子没人陪也没人管，老人只是照顾孩子的饮食。所以孩子听到的声音很少，也变得不喜欢与人交流，很少说话。这种疏远、冷淡的感觉就是创伤事件的来源。前面的内容也提到过"黏、作、冷"这几种类型。这些都是依恋关系带来的心理创伤，这类创伤会对成年后的亲密关系带来很大的影响。

创伤的分类与影响

创伤可以分成两类，分别是单纯型创伤（又称Ⅰ型创伤）和复合型创伤（又称Ⅱ型创伤）。单纯型创伤多半发生在成年且是偶然发生的。比如遇到地震、车祸，这些情况都是属于偶发的，也相对容易恢复。一般来说经历创伤八九个月后，经过心理干预，甚至不需要干预，80%的人可以恢复正常。这能够解释人类在历史长河中遭受过各种各样的灾难，仍然能够活下来的基本原因，那就是抗挫折能力和自愈能力。

地震是个全民性的灾难，它激发了全民的爱国热情，同时也会激发部分人过去的一些创伤。比如说，经历过唐山大地震的幸存者，那些在当年遭受过惊吓的孩子，在汶川地震的时候，他们不但捐款捐物，甚至是义无反顾地赶过去救灾。这是创伤给人带来的影响之一，有的人碰到同样的事情会躲避，有的人则非要到产生类似创伤的情景中去再次体验。再次体验的动力，就像拔了牙之后，你的舌头可能老是会去舔那个地方，舔那个地方不是为了引起疼痛，而是为了证明它不再疼痛。因此，我们可以看到这种现象，有不少唐山大地震的幸存者跑到汶川地震灾区去救人。

在汶川地震的时候，坊间还流传过"防火防盗防心理治疗师"的说法，原因之一就是在这个重要的创伤时刻，人会产生"否认"的心理防御机制。也就是说，个体在这个重大的创伤性事件发生以后，为了回避自己创伤性的体验与结果，就会启动心理防御，让自己不去想、不去看和不去谈这件事。但是，当时很多人因为没有接受足够专业的训练，在做创伤处理的时候，打破了灾区群众的心理防御机制，他们在讲创伤的时候就越讲越恐慌。媒体记者在采访的时候，心理治疗师做问卷调查的时候，志愿者去询问的时候，灾区群众的创伤都被再次激发，这被称为"二次创伤"。据说当时很多受灾群众的帐篷门口就贴着一张纸，上面写着"心理工作者勿进"。所以，从汶川地震中传出的这句"防火防盗防心理治疗师"，也不是没有道理的。

不过，心理行业有个说法，汶川地震在一定程度上促进了心理治疗的发展。从某种意义上来说，我们中国对创伤的心理处理，创伤治愈的系统培训，也是在这场地震的灾难中得到了成长。记得我当时的工作之一，就是对媒体呼吁，希望媒体人员在采访受灾群众的时候要留有余地，不要去激发他们内在的创伤。在此之后出现的灾难干预中，我们国家各个部门的工作就越发有专业性。媒体工作人员问的问题和之前就明显不一样，不是直接挖创伤，而是问你今天吃了什么，冷不冷，有没人陪伴，是否缺失物资，等等。采访的这些问题，全部都是基础性的问题，跟生理需要有关的问题，是嘘寒问暖，给他提供具体的帮助，先帮助他度过现实的危险，才能帮助他度过心理的创伤与危机，这是非常关键和重要的。这在系统培训中被称为专业的态度。

像地震这样的自然灾害，可能会非常严重，带来非常大的损失，它当然是创伤性事件，但是它也不一定导致个体出现创伤性的结果。这和创伤性事件的性质有关系。因为，它是偶发的，不是人为且经常发生的。我们人类已发展出自身的抗挫折能力和自愈能力。所以，创伤性的事件不一定导致创伤性的结果。

人为的创伤更容易导致创伤性结果

然而，人为的创伤性事件就容易导致创伤的结果。这也是复合型创伤的特点，就是有意而为之。它常常发生在童年时期，而且不止发生一次，因为是多次发生的，所以往往是蓄意发生的。这类创伤很常见，就像前面提到的父母对孩子的打骂、虐待和冷漠。最近我在网络上看到一个视频，监控拍到有个男人路过的时候，看见有只小猫，就蹲下来。小猫看到他蹲下，或许是以为有人要喂食，就走了过来。结果他顺手拎起小猫反复狠摔、踩踏，整个动作就是一气呵成，非常熟练。我们可以推测他在成长的过程中，直接或间接地经历过类似的场景。直接的意思是，他就是被虐打的创伤当事人；间接的意思是，他可能没有经历过被虐待，但是他是在一个有创伤的家庭环境下长大的，他可能经常目睹或听到家里的事情。这就像车祸现场，虽然你不是遭遇车祸的人，但是你看到了车祸之后，七零八落满地血迹的场景，也会产生创伤。

　　所以，人为的灾难，让孩子逃无可逃，这样的父母打孩子常常是重复地打。就像有位学员说，她父亲只要喝醉酒回来，就要把她从睡梦中拉起来打一顿。还有上文中的例子，孩子哭也打，不哭也要打，怎么样都逃不过。这种发生在家庭中的虐待并不少见，而且这种创伤往往还会传到下一代。孩子具有侵略性，是因为他的父母就是这么对待他的。于是，他在亲密关系中形成一种虐待的关系模式，所以他容易把这种施虐受虐的关系传递下去。所以，被家暴的孩子，并不会因为表现得听话、顺从就能免去挨打，因为打孩子就是他父母潜意识里的冲动。

觉察创伤性事件，
理解创伤的转归 ⋰

　　创伤性事件，会给人带来某些"反应"，因而有个名称叫急性应激反应。既然是反应，就说明它不一定是异常。有的时候，"反应"越大的人，闹得越厉害的人，越是恢复得好。因为他能够将事件带来的恐惧、愤怒等情绪释放出来。不管他的"反应"是失眠，还是哭闹，这都是经历事件后的应激反应，一般在数天或一周左右会有所缓解。所以，这段时间里的治疗策略是陪伴和观察，让他待在熟悉的环境里，有熟悉的人陪伴，这就是他的治疗良方。如果这种特别严重的反应持续一个月以上，就可以诊断为 PTSD，也就是创伤后应激障碍。这时候就不是"反应"，而是"障碍"了，就需要辅助药物或住院治疗。

情感淡漠的创伤

　　心理治疗中的创伤，似乎在很长一段时间里面，都特别注重创伤后应激障碍。其实，从广义的角度来看，所有心理治疗的来诊者都是有创伤的。我们在成长过程中经历的那些情感的虐待、躯体的伤害、性的创伤等，这些都会形成人格的基调。也就是说，这是有创伤基础的。比如说，父母很少理会孩子，很少和孩子有肌肤之亲，这种不理会就是一种创伤，会导致孩子在亲密关系中变得回避。

有位学员说，她在3岁左右的时候，父母闹离婚。她从小跟妈妈在一起，妈妈总是告诉她不能相信任何人，尤其是男人。她虽然从小学习优秀，但妈妈却不怎么搭理她，有时候还会忽然变脸打骂她，有次直接就用皮鞋踢到她的眼角，差点把眼睛踢瞎。等她结婚生子之后，她也用同样的方式对待孩子。她在打孩子的时候，她的妈妈终于醒悟过来，说不能这样教育孩子。当时，她对妈妈说："你当年不就是这样打我的吗！我现在不是成功了吗！我打我的孩子有什么问题？"她在重复她早年的创伤经历。

她说她花了10年的时间才说服自己，才敢相信妈妈是不会抛弃自己的。这就是父母对孩子情感淡漠带来的创伤，容易导致孩子情感上的空洞、空虚，与人的距离就远远的，与亲密关系的距离也只能是远远的。婚姻就像冰窟一样，她进入婚姻只是希望最好是有个人在，但是对方不要来靠近、打扰自己。她和孩子的关系也是无法亲近，打骂就成了她与孩子亲近的方式。

存在焦虑的创伤

有的人还会在关系中表现得特别焦虑，总是有各种"作"的行为，或者是特别没安全感。这种无端的恐惧，叫存在性焦虑。什么样的人容易出现存在性焦虑？往往是个体在早年面临过或感受过生命的危险。比如，非婚生子女、重男轻女家庭等，即母亲在怀孕的时候就不想要这个孩子，或是母亲在怀孕期间情绪不好、营养不好，生活非常动荡，孩子出生以后面临父母的离婚、抛弃或死亡等。这个孩子在早期经常感觉到自己活不了，总是担心自己会被抛弃、被嫌弃。存在性焦虑的心理来源是，父母不想要这个孩子，或者说这个孩子不是父母想要的那个孩子。

于是，这个孩子常常就会有这样的一些表现：惶惶不可终日，他的焦虑是一种弥漫性的焦虑。总是担心有不好的事情发生，担心各种灾难，每天都处于无形的焦虑之中。他还可能患神经症，如强迫症、焦虑症等。这类人特别容易被洗脑，被蛊惑而加入传销组织或邪教。因为他们特别恐惧与焦虑，所以他们总是希望有个超现实的、带有超强能力的人可以拯救自己，因此特别容易被传销组织洗脑。其次，他们会经常会出现自杀的念头，觉得自己不配活着，有低价值感。所以，他们会出现自残自伤的行为，因为伤害自己所带来的血和疼痛感，才能验证自己的存在。因此，他们在亲密关系中会特别地"作"，常常是要死要活的状态。这些都是在亲密关系中呈出来的创伤性结果。

觉察创伤性事件，理解创伤的转归

因此，我们要觉察自己在成长过程中，经历过哪些创伤性事件，这些事件的强度有多大，是否给我们带来创伤性的结果。比如说，每个人都会遇到亲人朋友去世的事件，我们遭遇这个创伤性事件的概率很高，但不一定有创伤性的结果。可是有的人会因此变得抑郁，亲人去世会让他感觉自己也活不下去，这导致了创伤性结果。另外一种创伤，遭遇强奸的概率比亲人去世的概率要少，但导致创伤性结果几乎是百分百。所以，我们要去觉察我们经历的创伤性事件。如果我们的亲密关系出现了问题，我们的行为方式出现了问题，我们都要去理解自己，理解创伤的转归，也就是创伤的转移和发展。

那么，创伤的转归通常会有哪些表现呢？

第一是发展为心理疾病。典型的是抑郁症，总是郁郁寡欢，觉得生活没意义，痛苦厌世，出现自伤自杀的行为等。

第二是发展为心身疾病。身体长期有某种固定的症状，而且没有器质性病变的疾病，比如，头疼、失眠、腹泻，等等。

第三是发展为某些特殊的行为。如果一个人有特别强迫的行为，我们也许很快会联想到是不是创伤的转归。假如你看到一个人，能力出众，可能也是创伤的转归。比如说，有的人赚了很多钱，但是他为什么还要拼命赚钱呢？也许是他内心中有个停不下来的声音，这个声音一直在对他说："你做得不够好，你做得不够优秀。"所以，创伤不仅会在亲密关系中表现出来，也会呈现在我们的行为模式中。

有时候，创伤的结果会导致个体出现夸大、冒险、激烈的行为，典型的表现就是加入传销或诈骗团伙。因为，有的个体受教育程度低，人际关系少，个人的资源和家庭的资源都不够，他们非常容易受到暗示。于是，他们会很容易加入某个团体。加入团体之后，他虽然丧失了自我，但是获得了一个更大的自我，也就是团体自我，他借助团体自我，能够满足过去的各种不足。在电影《浪潮》中，有位历史老师给班上的学生做了一个模拟实验，学生在实验的过程中，对自己的组织确立了高度的认同。其中有个学生特别兴奋，因为他平时没有朋友，经常被人欺负，但是在团体中他得到了认可。他似乎变成了团体中最大胆的人，各种平时不敢做的事情，都成了他的某种壮举。在这个团体要结束的时候，他没办法接受，于是他当场就用枪自杀。因为失去了团体，他又变回了那个毫无意义的自己。他对团体特别忠诚与盲从，因为他是个孤独的人，他是个有过创伤的人。这就是为什么有的人特别容易受到传销、诈骗组织洗脑的原因。

有的人还会有某种超人的行为，这就和团体无关，和个体有关。比如，有的人喜欢徒步越野，独自穿越无人区。他们在现实生活中确实也有很强的生存技能，但是他们不喜欢和人打交道，即使是接触也是非常疏远的。这也是创伤的一种表现。具体表现为，他们回避人际关系，他们内心中不相信人类，他也不喜欢和人接触。他们会有性行为，但不一定会发展情感关系。同时，不喜欢与人接触还有另外一种表现，就是他对动物的感情比对人的感情还深。有的人会不断地领养流浪的猫狗，这就是前面提到的非人的亲密关系的类型。这种转归的结果是，他在社会上的表现不一定会像个有创伤的病人，他甚至还有非常高的情商，但是，他一般很难相信人，在发展亲密关系时也容易出现问题或阻碍。

回想一下，在你成长的过程中，有哪些重大的创伤性事情是你印象比较深刻的？有没有你曾经不认为它是创伤事件，但你现在发现它对你产生了创伤性的结果。又或者说，有没有哪些事件是创伤性事件，但却并没有出现创伤的转归，你是如何从中找到资源支持的？

挖掘你的内在资源

创伤的处理与资源的支持有很大的关系，我们要去挖掘出自己的资源。

这里所说的资源，既有现实的资源，也有内在的资源。现实的资源包括各种关系的支持。每个人会同时拥有不同的关系，在这些关系中，有的关系对他不好，有的关系对他好。比如父母对我不好，但是爷爷奶奶对我好；家人对我不好，但是老师、同学、朋友对我很好。这些不同的关系，可以弥补创伤，达到平衡。朋友资源哪怕只有一两个，在某些时候总能得到他们的支持，那就说明你建立关系的能力也不差，这都是现实资源。而且，这些资源是会发生转换的。有位学员说，她从小就被哥哥欺负，她与哥哥一直有矛盾。但是，当她的丈夫对她家暴的时候，她的哥哥又是第一个为她出头的人。原生家庭是她的创伤的来源，现在又转变成了支持的资源。

内在的资源包括你的智商、天赋、能力等。智力资源是常常容易被我们忽略的。很多人经历了创伤，一路跌跌撞撞地成长，看着也很可怜，爹不疼娘不爱的，但是他总能找到工作，他还可以考试，考各种证书，考什么过什么。特别是那些在条件十分恶劣的家庭中，被父母贬低打骂，连生活费都不给的孩子，靠着自己的智商与学习能力，走出带来创伤的环境。他的智商、天赋、能力这些资源，可能会帮助他获得老师、同学、朋友的关心而建立新的客体关系经验，他也可能因此获得足够的经济收入，以支持他做心理治疗，他也可能会运用自己的思维和学识去觉察原有的模式，发展出独立的自我。

最重要的资源来自内在资源。一个人能活下来最重要的是内在资源。内在的资源对于创伤处理起着更大的作用。内在资源有可能是形而上的。如观音菩萨，或是某个不存在的白胡子老爷爷，能够让她的内心得到安慰与支持。甚至是某段音乐，在他最痛苦的时候，他反复地听那一首歌曲，这首歌的歌词与旋律帮助了他，这都属于内在资源。内在资源还包括一些特别的仪式，比如说你要到某个地方，或是做某个仪式、动作等，这个仪式、动作只有他一个人知道，就好像许巍在歌曲中唱的："每一次难过的时候，就独自看一看大海。"还有某些伴随着你的东西，如手环、项链等，这些东西可能有特别的意义，它可能是最疼爱你的亲人送给你的，它能够链接到某些人、某些情感，它能够给你带来支撑和力量，这个都跟内在的资源有关系。这也是为什么我们喜欢把玩玉石的原因，因为这些东西有内在的故事。内在资源和文化有着很大的关系。这就是我们为什么建议在现在的教育内容中要增加人文的部分，包括诗歌、故事、童话、文学、哲学等，因为这些能够转变成我们的内在资源。这对治愈创伤特别重要。所以，我们在觉察创伤的时候，也要去挖掘自己的资源。

丧失客体之爱，
亲密关系之殇

　　弗洛伊德写过一篇意义深远的文章《哀伤和抑郁》。在这篇文章里面，弗洛伊德把一个人在居丧之后产生的居丧反应和抑郁进行了区分。弗洛伊德认为，抑郁是分离和丧失所导致的。简单来说，一个人离开自己熟悉的人或环境，这会导致个体的内心产生某种空空如也的丧失感。弗洛伊德认为，创伤来自个体的丧失感。他把丧失分为两种，第一种是客体的丧失；第二种就是客体的爱的丧失。

客体的丧失

　　客体的丧失，指的是孩子在成长的过程中，重要的照顾者离开了。比如，母亲因难产去世，或是孩子被送回老家由祖辈抚养。比较常见的隔代亲现象，有时候也会造成客体的丧失。比如，年轻的父母生了孩子后，因为要工作忙事业，或者是他们自己都还没玩够，就把孩子交给爷爷奶奶或者外公外婆去养育。这个现象在当前还是蛮普遍的，养育责任就好像是成了老一辈的义务，但有时候老一辈也很乐意。

　　这就导致孩子经历至少两次客体丧失的可能：第一种情况，

孩子与父母的分离，长期见不到父母；第二种情况，孩子被送回老家后，爷爷奶奶把孩子养到上幼儿园或上小学的年龄后，又把孩子送回到父母身边，这个送回来的同时，实际上也是一个客体的丧失。因为，对于孩子来说，他就离开了自己一直熟悉的环境、熟悉的人，还有熟悉的生活规律和语言。他在前面几年已经和爷爷奶奶建立起了依恋关系，他再被接回父母生活的城市时，不管在血缘关系上有多么亲，他都相当于是到一个陌生的地方去。因为，孩子在小的时候只对陪伴他成长的照顾者比较感兴趣。说得通俗点，就是谁养我大，我就跟谁亲。所以，这又是一次分离，对他来说又是客体的丧失，那就是他的原初的照顾者的客体丧失。因此，有的孩子被父母接回到身边后，在一段时间里面经常出现感冒发烧，要不就把自己身上抓得青一块紫一块的。我们常常会说孩子不适应环境，不适应的原因其实就是客体的丧失。从某种意义上来说，这种分离还是双向的，不仅是孩子离开爷爷奶奶会难受，爷爷奶奶在年老的时候把一个孩子养大，也产生了感情，孩子要离开他们，他们的内心也是很煎熬的。

这是比较常见的客体丧失。客体丧失的意思就是重要的客体见不到了。当然，现在科技发达，能视频通话，可以看到远在天边的父母，可以听到他们的声音，好像看起来好些。但是，孩子是躯体化的孩子。躯体化的意思是他需要有皮肤的接触，他不仅要看得到、听得到，还要闻得到、摸得到。他们的感官需求非常强，他们需要有全方位的躯体感受。视频通话只能看到听到，而且时间还有限，所以还是有缺憾的。

客体的爱的丧失

客体的爱的丧失，是另一种比较常见的情况，它不亚于客体的丧失。客体还在那个地方，可是此客体已非彼客体。虽然妈妈还在那，可是孩子会感觉到，妈妈和以前已经不一样了。比如，妈妈要生弟弟妹妹了，妈妈的注意力不在他的身上了，这就是丧失了客体的爱。

在我的亲密关系工作坊中，有位学员说："我怀孕生孩子的时候，好像对丈夫的爱就明显地减少，不知道为什么就是爱不起来。我和丈夫的性生活也明显减少，我们还为此闹过矛盾，他说我不理他，但我确实是没有兴致。是什么原因呢？"这就是她把从一个客体（丈夫）身上投注的能量收回，准备放到下一个客体（孩子）的身上。养育孩子，是母亲的一个本能，从这个意义上来说，她是健康的表现。弗洛伊德提到抑郁的一个重要的原因，就是在于个体不能收回能量的投注。如果收不回的话，投注的能量就会定在一个地方，就会影响日常生活和人际关系。

比如，父亲去世之后，母亲不允许孩子动父亲的任何东西，全部按原样摆放。每次吃饭的时候，母亲都给父亲摆上碗筷盛上饭，就好像父亲还在世一样。这位母亲没有办法把重要客体（丈夫）从她内心中撤走，她不能完成心理的哀悼，这导致孩子有极大的困惑。

对于那位在工作坊提问的学员，她恰好是做好了当母亲的准备，她可以转移能量去照顾将要诞生的孩子。如果，我们没有去理解这个过程，夫妻之间的亲密关系就会受到影响。有时候我们会看到一个现象，就是丈夫在妻子怀孕期间出轨。

为什么会有那么多丈夫在妻子怀孕期间出轨呢？从表层来说，是丈夫有性的需求，他在满足生理的需要。妻子在怀孕的阶段，不抽烟不喝酒，不做剧烈的运动，减少了性生活，其实她都是在为成为母亲做调整和准备。从深层方面来说，丈夫可能会嫉妒这个将要出生的孩子，因为这个孩子把他的妻子抢走了。他感受到妻子往母亲角色的转移。在动力性的成分里面，他感受到的是客体的转移，客体的爱也随之转移，那就是客体的爱的丧失。

对于生二胎的家庭来说，孩子不一定有特别大的反应，他可能会有一种深深的抑郁，觉得妈妈是不是已经不爱他了，而且他会自恋地认为，妈妈不爱他的原因是因为自己不好，所以，这个孩子就表现得特别的怯生生。对于更大一些的孩子，又可以在他们身上看到愤怒的极端表现。比如，有个青春期孩子对父母说："你要敢生下这个孩子，我就不去上学。"这种愤怒在更小孩子身上其实也是有的，因为他不像青春期的孩子有更多的能力和表达，所以他再愤怒也没用，他还想着要努力把客体的爱给挽回来，所以他们就变成一个小心、乖巧、听话的孩子，同时他会出现非常多的症状，比如尿床、拖延、肚子疼等心身反应等，这都是面对客体的爱的丧失的表现。

得不到爱的孩子最容易抑郁

如果一个人的内在照顾者，比如母亲去世了，或是爱人离开了，这会使得好像他的内心所有的东西都跟着这个人一起离开了。他的内心也就随之变得萧然空洞。

弗洛伊德认为，如果因为这种分离和丧失导致情绪上的某种落寞、伤心，如果这种情绪持续时间在三个月以内，你的社会功能没有受到太大的影响，还可以学习、工作或维持人际关系，这就是哀伤。但是，如果持续超过了三个月以上的时间，社会功能丧失，完全不能学习、工作，整天待在家里，不想跟人接触，内心空洞、空虚，甚至产生了自杀意念等，这就是抑郁。这些描述对理解哀伤和抑郁，有症状现象学方面的意义。从持续时间的长短，社会功能的影响，人际关系的作用等方面，我们可以理解抑郁及抑郁的严重程度。

苏东坡在悼念亡妻的词中写道："十年生死两茫茫，不思量，自难忘。"妻子已经去世十年，他依然在思念着，他内心的伤感依然还在，依然是沉甸甸的。苏东坡把他内在的感受变成一首词，这就是哀伤。因为他能够去悼念妻子，他还可以写词，他仍然还在从政，他并没有因此失去社会功能。

有的人在面对亲人的丧失时，反应会特别厉害，稍有不顺就大发脾气，也可能变得郁郁寡欢，什么事都做不了，整个人像是被掏空了一般，甚至会幻想各种生离死别。有的人还会出现各种各样的心身反应，他们的亲密关系也会被影响。

有个奇怪的现象是，如果你与父母的关系特别好，你在成长过程中有很多和父母之间的温暖回忆，即使是父母去世了，但你并没有丧失他们对你的爱。他们会一直在你的内心中，这份爱的记忆也会一直温暖着你。反过来说，那些从小没有在父母那里得到认可或满足，甚至经常被父母虐待的孩子，在成年之后，反而更难接受父母的离开。他们的内心往往存在这样一个呼唤，就是希望在父母有生之年，能够对他说一句"我们是爱你的，对不起"。用现在比较流行的话来说，就是孩子在等父母的道歉，父母在等孩子的感谢。可是，他们的父母去世后，这种机会就没有了，所以他们内心就会出现各种问题。

丧失客体之爱，亲密关系之殇

关于抑郁症，早年在生物学上有个重大的突破。研究发现，人出现抑郁的生理因素与血清素的减少有关，所以只要提高人体内的血清素水平，就能改善和缓解抑郁状态。那么，血清素为何会减少呢？或许，我们也可以从弗洛伊德提出的分离和丧失会导致抑郁的观点来理解。

我当年还在医院神经科接诊的时候，有位３０多岁的女性，一看就是没有睡好。她的下眼袋都是青色，而且明显之前有哭过，眼睛红肿，脸色苍白头发凌乱。我就问她有何不适。她说她头疼得厉害，感觉活不下去了。当时，我注意到有位男士扶她进诊室后就出去了，我就问她："刚才陪你进来那个人，为什么在你看病的时候又出去了？"她当时就愣住了，脱口而出说道："那是我丈夫。"

这个片段，大家可以想一想，这里面不仅仅是生理疼痛的问题。正常来说，病人说头疼，我作为神经科医生是要问她症状的来龙去脉，头怎么疼啊，什么时候开始疼啊，持续了多久的时间等。特别是她说她想要去死的时候，我们可能都会想着，是否应该要去问她的想法及症状的来龙去脉。可是，我当时问了一个让她猝不及防的问题，就是陪她来看医生的人为什么不陪着她坐在诊室里面。

她说出去的人是她丈夫的时候，就更引起了我的好奇了。于是，我又问她为什么丈夫不陪着她看医生呢？这个时候，她就开始哭了起来。她说她的母亲三个月前去世了，她的丈夫在两周前跟她提出离婚，如果不是因为她母亲得了癌症拖了好几年，丈夫早就跟她离婚了。言下之意是她的丈夫在岳母癌症期间不好意思跟她离婚。

一个人得了抑郁症，或处于抑郁状态，血清素就下降了。如果我们通过药物提升了血清素，那导致血清素下降的原因又是否找到了呢？从这个例子中我们可以看出，这位女性的母亲得癌症去世了，她的丈夫要跟她离婚。我们很容易会觉得丈夫在这个时候提出离婚，让她很崩溃。但是，我们并不知道哪个才是导致她出现抑郁的因素。也许丈夫要离婚的这件事，只是在她活不下去的基础上加的一根稻草。说不定她的母亲去世，才是真正让她伤心的事。

所以弗洛伊德提出了这个思考，就是我们如何去理解一个人为什么会发展出抑郁？当然，这和我们现在的生物学的药物治疗并不矛盾，一个是从生理的角度去考虑个体的抑郁症发病的原因，并且提供药物治疗，另外一个是从心理和社会的角度去思考症状的来源。这就是弗洛伊德在《哀伤和抑郁》这篇文章中明确提出来的，客体的丧失是导致抑郁的非常重要的因素。

久病床前无孝子，
负担的亲密关系

心理创伤中有一种特殊形式的创伤，叫模糊丧失。

模糊丧失指的是，当一个重要的客体处于丧失与未丧失之间。我们希望他没有丧失，我们的内心中产生了不想让他丧失的感觉，可是他又是丧失了的。那么，这种状态就称之为模糊丧失，这也很容易导致个体抑郁。

模糊丧失有两类，一类就是精神丧失了，躯体还存在；一类是躯体丧失了，精神还留存。

负担下的亲密关系

精神丧失躯体存在，这个最典型的表现就是父母出现老年痴呆。他们可能还认识你，但是他们都不认识其他的人了，其他的事情都不记得了，甚至最严重的是连你都不认识了，可是他们的肉体还在。你还是希望跟他们有交流，你还是需要照顾他们。

所以，每天你对他们的照顾，都处于一个日新的状态，因为他们不认识你，他们每次都把你当成新人。人类成长过程中，跟父母的感情都是在点滴的生活记忆中积累起来的。某一件事情，某一段回忆，某一个物件，都能够找到它的出处，然后能够唤醒你的记忆，能够唤醒你的感情。这个人虽然还在，却早已物是人非，他的精神都已经忘记你了。所以你的生活中，就好像变得缺了一块。

早年我治疗的一位病人，他是学校的领导，因为车祸导致脑部受损。之后，他从一个特别温和的人变成了特别偏激的人，而且工作能力也大幅下降。于是，他从领导的位置被降下来。降了一两个级别还不算，由于他经常和人发生冲突，最后实在没办法，就只好给他安排了一个看门的工作。他的老伴也是因为他过于偏激的原因来寻求帮助。这位领导之前是很温和的人，也很有能力，他周围的人也很惋惜。一个很受人尊敬的人，从温和变成偏激，从睿智变成痴呆状态，这就是一个逐渐丧失的过程。

当然，想象一下这个过程就发生在自己的家里，我们看到父母逐渐老去，可能会出现痴呆。父母的身体是一直都存在的，但是精气神就逐渐在丧失。这时候，父母就不再是你熟悉的父母了，没有了往昔的活力，甚至连儿女都认不出来。面对这个世界，他们可能会变成偏执、偏激的状态。但是，作为子女，你还得去照顾他们，每当你去照顾他们时，你就好像在照顾陌生人一样。他们既是你的父母，他们又不是你的父母。你每天要跟他们接触，但他们不再和你有灵魂的沟通。

这，就构成了一种负担下的亲密关系。

从另一个角度看久病床前无孝子

这种模糊丧失，是让人非常难受的。此时，子女作为照顾者，本身就有很强的模糊丧失，这时候很可能会出现各种各样的表现，比如，失眠、身体疼痛等心身疾病的表现，也可能是抱怨、疏远、无名火起等亲密关系的问题。

例如，有位女性，在念大学的时候，一切都顺风顺水。但此时她的母亲得了重病，本来恋爱、学业、出国等一系列的计划全部都搁置了，她要去照顾她的母亲，因为她和母亲的关系特别好。母亲因为大脑出了问题，会控制不住地发出嚎叫的声音，常常会在凌晨三四点钟起来。女儿不得不去照顾母亲，把她从床上挪到椅子上，但是母亲没消停多久，因为坐得全身疼痛，又需要从椅子上再挪回床上。如此下来，女儿贴身照顾了母亲几个月，她就问了一个令人心寒，但又特别实在的问题，她问："像这么严重的疾病，可以活多久？"

这让人很难相信是一个女儿对于病重的母亲说的话。但是，我们任何人都没有权利去指责这个女儿，在亲自照顾了父母很长的时间以后有这样的一个感慨，因为我们没有这种亲身的经历，这种贴身的照顾，不仅是一种体力活，同时也是一种精神的折磨。

在亲密关系中尤其如此。正是因为有亲密的关系，所以病重的人可能就特别肆意。这种肆意，是和大脑器质性的因素有关。大脑有个额叶释放症状，所有社会规则的记忆都在额叶中，额叶相当于是压制了我们本能的一些想法，使得我们能够遵守规范。对于病重的患者而言，可能他们的额叶皮质细胞开始脱失，甚至行为已经超越了规范，他有什么话就会说出来，有什么情绪就会发出来。即便在人与人的亲密关系中，他实际上也失去了一些基本的界限，就会有像动物一样的表现。

有位老教授，患病之前他是一个非常儒雅的人。患病之后，记忆开始衰退，甚至会表现出一些"耍流氓"的行为。这些行为已经让6任专门来照顾他的护工离开，他的几个女儿苦恼不已。但是，女儿在照顾他的时候，他却从来没有出现这样的行为。也就是说，他在用他残存的一点点记忆，去压制他本能的冲动。而这个本能的冲动，我们或许也要用去性化的角度来看待。也就是说，他的行为并不是在耍流氓，而是像退到了婴儿的状态，想要得到来自母亲的照顾。

所以，亲密关系以疾病的方式，以照顾和被照顾的方式表现出来的时候，最大的一个负担，是来自照顾者的照顾性内疚。也就是说，你是我的亲人，如果我要是不照顾你，我会有内疚。而更深的内疚在于，我其实内心中对于耗去我的所有精力来照顾你，是有怨言的，这也让人无奈又无法回避。

或许，我们可以从这个角度来理解，为何久病床前无孝子。

最被忽视的孩子为何最孝顺

我们的文化非常强调孝顺，孝顺是由"孝"和"顺"组成。"孝"是子女对父母的孝敬与照顾，"顺"是晚辈对长辈的顺服与听从。有的人会说，自己可以做到"孝"，但没法做到"顺"。他确实能在物质上照顾好父母，但他的心里其实是不舒服的。因此，在孝顺的亲密关系中，有的人心里是憋了一口气的。

有位女性，从小在重男轻女的家庭环境下长大。父母偏爱弟弟，从小弟弟是好吃好穿，自己只能做家务干农活。成年之后，弟弟对父母不管不顾，她又非常自然地承担起照顾父母的责任。但是，她每每在照顾父母的时候，会与父母产生冲突。比如，母亲在生病的时候，弟弟不仅没有怎么出现过，甚至连住院的费用也没出。她给父母的生活费，是希望父母能够穿好吃好，结果父母省吃俭用，还把钱给了弟弟。每次，她都恨不得和父母大闹一通，她在照顾父母的时候，就会想："你们不是最喜欢儿子吗？你们有病不是应该儿子来照顾吗？为什么他不来？为什么这个时候就想到我？为什么我给你们的钱，你们还要给儿子送去……"她有非常多的失落、不甘、委屈和愤怒。

因此，有很多人是憋着一口气去照顾父母的。因为，最被父母宠溺的孩子，可能照顾性不够，他自己还没长大，还没玩够，还没成熟，也可能是被父母宠溺得没有了照顾的能力。所以，那些来照顾父母的孩子，心里就会有委屈怨恨。一方面，他依然想通过照顾父母来证明："我才是你最应该夸奖，最应该疼爱，最应该亲近的孩子，你看我现在还是那么孝顺。"另一方面，他内心又带着某种委屈："你不是最疼他的吗？那应该由他来照顾你呀？"

最健康的孩子为何最被疏远

还有一种情况，发生在有患病子女的父母身上。比如，有的孩子是先天愚型，父母还要养着这个孩子。那病孩会不会给父母有自尊受挫的感觉，有的父母会认为是自己基因不好，或是做了什么错事得了报应等。父母会不会因此看不上这个孩子，因为其他孩子都很健康。但我们也会发现，有的父母在照顾病孩的过程中，会产生一种特殊的感情，就是全能的控制感。因为这个孩子完全依赖于父母，他像巨婴一样，不仅仅是小时候被照顾，长大了也一直被照顾。其他的孩子长大了，可能有自己的想法，不那么听话了。但是，这个病孩没办法，只能依靠他的父母。因此，父母在照顾这个孩子的时候，虽然很辛苦，但却产生了这种全能的控制感，能够控制着孩子的一切，看着他长大，这个孩子也能安心地待在被控制的状态中，所以父母与孩子之间就形成了一种奇特的亲密关系。

　　有的父母可能还会对那些健康的孩子说："你的哥哥都这个样子了，你以后长大了要照顾他。"直接的表现就是父母把爱和家产更多的分给有病的孩子。这可能是从小到大都表现出来的。比如，有的父母会直接对健康的孩子说，你有手有脚可以养活自己；父母在遗产的分配上，也会出现特别不公平的地方。然而，可能给健康的孩子的感受是，父母把更多的爱给了有病的哥哥（弟弟）。负担下的亲密关系，还会造成父母对健康孩子的疏远。有的父母亲出于内疚，想要补偿患病的孩子，可能会有意地疏远健康的孩子。所以，有些健康的孩子会觉得自己还不如生病了好。他们会觉得，父母亲不是自己的父母亲，他们甚至会认为自己是一个失败者。这给身体健康的孩子带来某种心理的创伤。

模糊丧失，
在与不在都影响

模糊丧失的另外一类，是躯体丧失了，但是精神还留存。

无法哀悼的创伤

举个例子，有位学员在念小学的时候，父亲去世了。自从父亲去世以后，妈妈就把家里面所有与父亲相关的记忆，如照片、衣物等，全部都收起来，在这个家里似乎看不到任何父亲存在过的痕迹。但是，也就是从这一刻起，她感觉到她好像也失去了妈妈。妈妈拒绝了再婚的可能，也拒绝了再次拥抱阳光的日子。妈妈每天阴沉着脸，按部就班地过日子，他们的家庭也不再像过去那样充满欢声笑语。所以，在躯体上，她失去了父亲，在精神上，她又失去了母亲。在丧亲的家庭中，有些人无法与逝去的亲人告别。这份丧失就变成了一个无法别离的丧失。从这个意义上来说，父亲的去世，就是她母亲的模糊丧失。

中国人有句古话，叫"活要见人，死要见尸"。失联的马航MH370，时隔多年仍然有家属坚信自己的亲人还活着，有人每天都按时给那个再也不会开机的手机打电话，有人按时给亲人的手机号码充话费，有人定期给亲人的房间打扫卫生。亲人存活的机会显然是不大的，为什么那些家属过不去？这也是模糊丧失带来的心理创伤。

还有一种情况，是被拐卖的儿童。有的家庭把孩子养到三四岁大，父母有很多和孩子在一起的记忆，很不幸的是孩子被拐走了。父母虽然看不到孩子的身影，但是这个孩子的相片、衣服、玩具，都在父母眼中挥之不去。所以，很多父母就到处去寻找孩子，有的找了很多年也不一定能找到。虽然见不到孩子，也不知道孩子是死是活，父母当然希望孩子是活着的，但是又很矛盾地担心，不希望孩子是活在受苦的状态，所以他们停不下来满世界地去寻找。有位一直在找孩子的母亲说："我找了这么多年都找不到，他真的还不如死了。我要知道他死了就好了。我要是知道他还活着，还在哪个地方受罪，我就不能停止去找他的冲动。"

有的父母，找一阵子实在是找不到，他们往往会通过再生一个孩子来处理自己的模糊丧失，包括很多失独家庭也是如此。我记得在汶川地震的时候，有位四十岁的女性，她的孩子在地震中不幸遇难。过几个月我再去看她时，她已经怀孕了，她对这个孩子的降临有很多的担忧，因为老大的遗物她舍不得扔掉，她也不知道该如何跟孩子去解释。同时，她也有很多的内疚，因为老大死后不久，她马上就怀了老二。他们迫切地希望有一个孩子在自己眼前，迫切地希望这个新生的孩子，可以替代那个丧失的孩子。

创伤的代际传递

因为家庭的创伤并没有得到处理，哀悼并没有完成。上一代的创伤，没有办法言说，创伤带给家庭的气氛，会传递下来。这种气氛会传递到父母对待孩子的态度上。正如我们前文讲到的，父母对待有疾病的孩子和对待健康的孩子的不公平态度也会影响到健康的孩子的心理发展。模糊丧失的创伤，会使得孩子感觉到家庭中有某种不可言说的秘密。但是，这个秘密会以某种行为方式表现出来，这是创伤的代际传承。

创伤的传递，就是创伤性事件不会终止于亲身经历创伤性事件的当事人，它会波及处于该环境中的其他重要的人。这会导致这个家庭新生的孩子出现另外的一种创伤，也就是"替代儿童"的创伤，他仿佛是上一个孩子的替身一样。关于替代儿童创伤的内容，下文会继续讲述。

反过来说，对于这个被拐或被遗弃的孩子来说，亲生的父母丢了，不管养父母对他多么好，他或许总会在想："我的爸爸妈妈为什么不要我了？他们现在在什么地方，如果我见到他们，我要问一下他们当初为什么不要我了？"对于这些孩子，心中的父母就变成了模糊丧失，也是属于躯体不在了，但是精神仍然一直在影响的情况。这都是有现实意义的。你会发现，有的人一定会去找他的亲生父母，他的内心在呐喊。因为他有一个模糊丧失的创伤，这个丧失没有办法哀悼。因为模糊丧失的背后，指向的是一种长期的抑郁状态，在个体内心的意义中，有特别多的对自己的不认可。他可能很难进入一段亲密关系，或者是对人充满着不信任感，也可能不愿意怀孕生孩子，在性方面也会出现很多的问题。

有位男性，由于是私生子，他早早就被送到其他地方养大。他隐约知道自己的身份，一直对亲生父母有相认渴望，但是，他没有办法接受自己的身份。而且，与父母相认的话，他们（父母）是要自己还是不要自己，他们又是否愿意去面对这个真相，他们周围的人，他们现在的家庭又是否能够接受忽然有了个私生子的存在。所以，这就变成了他模糊丧失的创伤，他也因此感到困扰、混乱。这种混乱感，就体现在他的性关系上面。

在与对方发生性关系的过程中，他会突然产生一种特别讨厌自己和讨厌性对象的感觉。因此，他每次发生性关系，进行到一半的时候，就会突然中止离开，从此不再理会对方。

模糊丧失背后的分离焦虑

理解模糊丧失的创伤，对我们的生活具有非常重要的意义。比如说，领养回来的儿童，因为他们会想象为什么父母不要自己，即便养父母对他很好，他还是会有这个动力去找寻他的亲生父母。虽然亲生父母不在，但是对于这个被领养的孩子来说，这种精神层面的影响会一直都在。所以，比较明智的养父母，不会去阻止养子女去寻找亲生父母，而且也会把他的身世在合适的情况下告诉他。

反过来说，家里的老人在衰老的过程中，可能会得老年痴呆、老年精神病，有很多老年人的性格脾气会由此变得偏执古怪。这不仅仅是个老化的过程，也是因为他们真的得病了。电影《困在时间里的父亲》，就是以患有阿尔茨海默病老人的第一人称视角出发，把那种陷入深深的困惑、怀疑、委屈和莫名的无助，噩梦般难以清醒的感受表达出来。因为他们大脑皮质细胞发生病变，出现萎缩，然后消失。所以，他们就容易出现健忘、易怒、大小便失禁、定向力障碍，最后可能连生活的自理能力都没有。

这种情况下，照顾父母的子女也不容易。一方面，不仅是体力和物质上要照顾父母，另一方面父母又认不出自己，这还是以前的那个父母吗？也是一种精神的煎熬。对于子女来说，内心或许早就有丧失的感觉。

不知道看到这里的你，会有些什么感受？

在面对父母老去与死亡的时候，我们可能会有各种复杂的心情，也可能会不知道如何面对。其中一个典型的表现是，我们都害怕谈及死亡，这其实是分离的焦虑。不管你年龄多大，可能已经有家庭了，也为人父母了，可是父母老去与死亡会让你感觉到有点无所依归的感觉。或许，随着父母的离去，自我的价值感、存在感好像也一下少了很多，自己一下有了有很多不确定的感觉。但是，所有的死亡，我们都要去面对和处理。分离的焦虑，不是在于你的年龄大了就没有这种焦虑了。我们在面对死亡的时候，还是有很多回避的态度，不愿直面也不敢谈及。例如，父母亲说想要用某张照片作为遗像，我们往往会说："哎呀，你怎么说这些，你会活得很长命的。"这都是子女不愿意跟父母亲谈死亡的现象，背后是我们都不愿面对的分离焦虑。

"替代儿童"的创伤，
得不到认可的存在

上文中提到了"替代儿童"的创伤。"替代儿童"也叫"替代孩子"，有些人为了怀念去世的亲人，就用亲人的名字给自己的孩子命名，这孩子的存在就仿佛是代替某个去世的人活着。他不再是自己，而是代表这个去世的亲人，这就叫作"替代儿童"。

永远成为不了父母心中的孩子

有位女性，她和弟弟的感情特别深厚，弟弟意外去世了，她就把哀思寄托在了孩子身上。她对孩子的态度，有一部分实际上是她对弟弟的爱。如果有一天，孩子感觉到妈妈不是把自己当作孩子来养，而是把自己当作了那个去世的舅舅。这个孩子往往就会出现一些心理问题。

我见过一个特别典型的案例。有个家庭，第一个孩子在河边玩不慎溺水身亡，这对父母非常悲痛，因为孩子都养到 12 岁大了。于是，过了一年，他们又生下了一个孩子，当时这对父母已经 30 多岁。他们在 40 多岁时来找我。因为第二个孩子出现了非常严重的问题，不上课、经常打架、见人就吐口水。了解之后，才知道第二个孩子的名字和那个去世的哥哥是一样的，而且平时穿的衣服都是一样的。这对父母把哥哥以前的衣服留了下来，给了弟弟穿，他们都没有给这个弟弟买过新衣服。弟弟出现严重问题的时间，恰好也是在 12 岁。这就是替代儿童的创伤，因为父母没有完成对死去的哥哥的哀痛与告别，弟弟的存在只是在替哥哥活着。虽然大家都没有说，但是弟弟内心总会有种莫名的感觉：我到底是谁？

如果前面有孩子夭折，父母又没有完成哀悼的过程，他们往往就会把活下来的孩子与死去的孩子进行对比。比如，每当这个孩子犯错、不听话的时候，父母就会说："如果你的哥哥还在的话，他学习肯定不用我们操心，他绝对不会像你这个样子。"这就让还活着的孩子总是觉得自己比不过哥哥，无论自己多么优秀，都得不到父母的认同，因为他永远成为不了父母心中的那个孩子。

"替代儿童"的创伤

有位学员听我讲这个案例的时候，她突然发现，原来她就是一个"替代儿童"。她说，在她与她姐姐的中间，其实是还有一个孩子的。当时，她的妈妈非常想要一个男孩，但很不幸这个孩子流产了。后来，妈妈又怀上了她，因为妈妈的妊娠反应跟怀姐姐时是完全不一样，大家都觉得应该是个男孩，所以就把她给留下了。在她还没出生之前，她的名字就已经起好了，单名一个"磊"字。结果，生出来的还是个女孩。

这个名字一直给她带来困扰，每次新学期点名的时候，大家都以为是男孩。她向父母了解了这个名字的来历之后，就特别不喜欢这个名字，觉得父母给自己的这个名字起得太草率了，怎么可以给一个女孩子起个"磊"呢。同时，她一直又有种感觉，觉得自己应该要给父母争口气，虽然自己是个女孩，但是也可以像个男孩那样，甚至要比男孩做得更好。所以，她从小到大就有种不服输的性格，不仅学习好，体育也很好，而且她跟男孩子也玩得更好一些。

她说，她的母亲一直觉得流产的那个孩子是男孩。其实，她一直也耿耿于怀。她觉得如果有了中间的这个哥哥，就肯定不会有她的存在。因为在她出生之后，没多久就实行了计划生育政策，父母肯定是不会再要多一个孩子的。所以，她认为自己是站在哥哥的位置上，她一直觉得活的不是她自己。

这就是"替代儿童"的创伤。在你的前面，总有一些人是你竞争不过的。母亲怀的孩子死掉了，母亲没能处理的模糊丧失创伤，可能会让健康活着的孩子感觉到：要不是因为那个孩子死掉的话，我不一定能得到母亲全部的爱。

幸存者的焦虑

有个家庭有三个女儿，父亲临终前死得不甘心，虽然他把财产都分给了三个女儿，但是他在离世之前还再说了一句："我跟你们说了，如果我要是有个儿子，这些财产你们一个子都没有。"这三姐妹虽然都分到了父亲留下的财产，但是父亲这么一句话，让人心里不好受。这就是我们之前说到的，模糊丧失对活着的人的影响。

在这里是什么影响？叫幸存者焦虑。所谓幸存者焦虑是指，大家本来可能是有相同的命运的，但是他活了下来，其他的兄弟姐妹死掉了；或者是其他人遭遇了不幸，但我却躲过了这一劫。像刚才举的例子，中间那个流产的孩子，甚至都不确定是不是儿子，只不过是母亲希望他是儿子。无论是对于上面的姐姐，还是对于后来的妹妹，这个中间的孩子都会让她们惊得一身冷汗。因为，如果要是有了这个弟弟，姐姐能获得的爱就不会像以前那样，姐姐可能就会经历爱的客体的丧失；如果要是有了这个哥哥，估计就不会有这个妹妹的存在了。

这个没有出生的孩子，你都没有见到他，你甚至都不知道是男是女。但是，模糊丧失的创伤如果没有去治愈的话，就会影响到母亲，影响到这个家庭，影响到其他的孩子。

幸存者焦虑会导致什么样的心理的表现呢？最典型的就是特别的内疚，好像自己不该活着，但是自己活了下来。于是，她会无意识地去分担那个去世的孩子的命运，她可能不允许自己过得好。她可能会非常担心父母不认可自己，怕自己做得不够、做得不好。衍生的模式就是"扶弟魔"，如果父母非常重视这个弟弟的话，她会不顾一切地帮助自己的弟弟结婚、买房，把自己的钱拿回去补贴弟弟，弟弟生了孩子，这个姐姐还要帮忙去养。所以，有的孩子会说："我的妈妈不是我妈妈，是舅舅家孩子的妈妈。"

在你的家族中，有没有你竞争不过的人

看到这里，大家可以去思考一下。在你的成长过程中，在你的原生家庭里面，有没有哪些人是你一直竞争不过的？比如，对于活着的孩子来说，可能是竞争不过去世的孩子；对于健康的孩子来说，可能是竞争不过患病的孩子，也可能是竞争不过残疾的孩子。有的家庭，可能是竞争不过老大的，或是竞争不过老么的；对于女孩来说，可能是竞争不过男孩的。这些情况，可能都会给女孩造成创伤，给健康的孩子造成创伤，给其他的孩子造成创伤。

其次，要思考的是，在你的原生家庭中，有没有"替代儿童"？或者，你是不是"替代儿童"？你有没有强烈的内疚

感？是不是总是觉得对父母、对家里报答不够？去想一想这个原因会是什么？有没有可能是因为家里曾经有一个不存在的人在影响着。你的父母会不会总是提起他，而且拿你和他进行比较。你会不会总是觉得自己不够好、不够优秀，不能让父母满意开心，总是觉得欠了父母什么？去觉察一下，在同胞竞争中，有哪些人是你完全竞争不过的？

不能被言说的
创伤才会被传递

创伤发生之后，它不会只停留在某一个人那，它会被传递。

与父亲有关的创伤

从精神分析的角度来讲，一个人对其他人的态度、模式，与他的原生家庭的模式有很大的关系。

有位学员从小怕黑，经常担心会被抛弃。念中学之前，她是一个特别听话的孩子。中学时她开始"早恋"，当对方提出分手的时候，她出现了自残，后来被诊断为双相情感障碍。她说从那次之后，自己就变成了"海王"，频频更换男友。她一直以为自己是为情所伤，所以才变得放荡。我们在谈及她早年的成长经历的时候，她才意识到，这是创伤的传递。

她的父亲是个孤儿，从小就被家里抛弃。但父亲生性风流，有过多次的外遇，母亲终日以泪洗面，也常常对她抱怨父亲的不是。父母离婚后，她跟着改嫁的母亲。但是，母亲的感情生活也不顺遂，继父对她不好，不想让她待在这个家庭里。母亲再次怀孕后，让她回到了亲生父亲身边。但是，父亲像是个没有长大的少年，自己没有玩够自然也无暇照顾她，她经常看到父亲带不同的阿姨回家。有时候，她刚刚和某位阿姨处得熟络了，父亲又换了新的女朋友。所以，她的成长过程总是处于一种特别不稳定的状态。

她的父亲没办法进入到一段稳定的亲密关系，所以希望通过不断换女朋友，来减少自己的死亡焦虑。她的亲密关系模式，就带有原生家庭中父母关系模式的痕迹。她也特别害怕孤独、怕被抛弃，她需要亲密关系，于是她通过性来感受亲密。

这样来看，就不仅仅是她从小不稳定的环境导致的创伤，亦是上一代的创伤在传递。

的确，我们人类有自愈的能力，我们这一代人在发展过程中遭遇了创伤，属于成长的一部分，如果我们自己可以处理得好，它能够磨炼你的自信，能够让你区别现实和内在的关系，能够增强你的抗挫折能力，能够变成滋养你的土壤。可是，来自一个家庭的创伤，来自上一代的创伤，如果创伤没有办法在家庭中被言说，它便在潜意识中传递。比如，家族中的重大事件，意外死亡、流产堕胎等，这些看起来不好的东西，这些创伤在家庭中就成为一个秘密。不能被言说的创伤，就以某种方式来呈现，就会被症状所言说，被关系模式所言说，被他者所言说。创伤，就是这样被传递的。

创伤的周年现象

创伤传递的典型表现，是出现周年现象。例如，有位学员说，他在每年的三、四月份，就会感觉到抑郁，情绪低落，全身会莫名其妙的不舒服，不能集中注意力工作。原因是他的父亲在四月份的时候去世了。当然，也许有的人会说，因为快要到父亲的忌日的原因，这一点是比较容易理解的。假如说，去年四月份父亲去世了，今年四月份是父亲去世的第一年，这种感受和印象会比较深刻一些。但是，如果创伤没有解决的话，它就会以周年的现象表现出来。周年虽然指的是一周年，但是它每周年都会表达出现。他可能每年到了春天的时候就不舒服，可能会出现各种的心身反应和情绪状态。如果没有解决这份哀悼，每周年这个时候，他就会出现状况，周而复始地出现。所以，"周"既有周年的意思，也有周而复始的意思。这是创伤的特点之一，特别是那些复杂性的创伤，没有解决好的、没有完成哀悼的创伤。这就是周年现象。

周年现象的意义，告诉我们有些在现实中往往没有完成的、没有解决好的事情会影响我们的生活。例如，流产的孩子。很多人认为，流产的孩子没有生下来，就是没有生命的，就显得不那么在意。而流产对于年轻男女来说，还有非常多的羞耻感，因此总是想着过去就过去了，大家更多的关注是对于伴侣的关注，并没有关注流产掉的孩子。特别是有些急于想要怀孕的夫妇，流产后特别想再怀一胎来证明孕育能力。所以，我们往往就忽略了流产带来的创伤。

创伤的代际传递

如果我们不对创伤进行治疗的话，可能在潜意识中还隐隐约约地有某种信念，觉得流产是有意义的。举个例子，有位女性一直怀不上孩子，她和心理治疗师谈话时才发现，在此之前她已经有过 4 次的流产经历。更深入的一个发现是，她的潜意识就好像不能允许自己生孩子一样，因为她的母亲曾经也有过 4 次流产。在讨论类似的话题的时候，我可能会和这位女性讨论，她对流产的孩子是否有记下流产的时间。比如，前面的两个孩子是在一两个月左右的时间流产的，那基本就是很小的胚胎。第三个孩子是在比较大的情况下流产，比如已经有三四个月了。我们可以想象，有的女性，可能会对长得比较大的孩子有更多的思念或更多的感觉，因为这个孩子更像生命一些，胎儿有几个月了，已经成型了。有的女性可能会对第一个流产的孩子更有感觉，因为这是她第一次怀有自己的孩子。有的女性会给流产的孩子起名字。我们在心理治疗的工作中会发现，即便是流产，有不少母亲对流掉的孩子都会有感情、有记忆、有故事。如果这个创伤在以前从来没有谈及过，无论是在心理治疗中言说，还是自我的觉察，都是很好的开始。

我在前面的内容提到过，有些失独家庭的夫妻，会因为孩子去世而马上再怀孕。但是，在怀孕期间，在孩子成长的过程中，出现了很大的问题。我们可以推测，这是面对丧失、面对创伤的反应。一些成年人在丧夫或丧妻后，马上就结婚。这会导致哀悼不全，他可能没有很好地完成哀悼，或者说可能悲伤太大，以至于他要急于从这段关系转移到另外一段关系，但是这份哀悼就没有完成，这个创伤就没有被言说。

如果你有过流产史，然后出现不孕的状态，其中一个可以觉察的方向是，有没有可能是你的哀悼没有完成。而且，没能哀悼的创伤，也可能会传递到下一代。像刚刚举的例子，母亲和女儿都有过4次流产，也许是因为创伤哀悼没有过去，所以才不能允许自己生育下一个孩子。母亲没能言说的创伤传递到了女儿这里。

创伤的双重巧合

另一种创伤的形式就是双重巧合的现象。双重巧合，也就是个体出现症状的年龄，常常和他的父母亲在这个年龄时段发生的事情有关系。典型的例子就是弗洛伊德在 40 岁的时候停止了夫妻生活，因为他父亲在 40 岁的时候，娶了他的妈妈为第三任妻子。弗洛伊德曾描述过一个情景。在幼年时，他某天晚上尿急想上厕所，结果懵懵懂懂地跑到了父母的卧室去拉尿。他的父亲就觉得这个孩子这么大还到处乱尿，这一辈子注定一事无成，父亲的这番话也让弗洛伊德听到了。我们知道弗洛伊德最著名的理论就是俄狄浦斯冲突，这个冲突说的是儿子要弒父娶母，儿子要战胜父亲的内在冲突。弗洛伊德 40 岁的时候，他父亲去世了，而他的事业在这个时候有了腾飞，精神分析理论开始进入了人们的视野，弗洛伊德也越来越有名气。在象征层面上，他已经战胜了他的父亲。弗洛伊德发展出来的俄狄浦斯冲突理论，很可能就是和他早期的一些创伤性体验有关系。

这是一种往上的巧合，还有一种往下的巧合，就是你的孩子，在你小时候发生创伤的这个年龄，孩子恰好也发生了类似的事情。我们在心身反应章节有提到一个断奶的例子，周围的人都告诉这位女性在断奶的时候不要抱孩子。一开始，她听从了他人的建议，但她的乳房出现了剧烈的疼痛。在她抱起孩子的一瞬间，疼痛又迅速地消失。后来她才知道，在她三个月大的时候，她的母亲直接离开了她。而她现在给孩子断奶的时间，正好是孩子三个月左右。这就是她未被言说的创伤，在她当了母亲之后，在她的孩子处于她当年遇到创伤的年龄段时，通过她的心身反应呈现了出来。当她能够言说自己的创伤时，她的女儿就避免了经历她早年创伤的重复。

由梦到觉醒之路

电影《泰坦尼克号》里面有个场景，女主 Rose 被母亲和未婚夫带到餐厅，要求与其他富商大贾们一起用餐。谈到给船起名的话题时，斥资造船的老板说给船起名叫 Titanic，是意味着巨大，象征着力量。这时候，Rose 用略带调侃的表情说："你知道弗洛伊德吗？他有个关于男人迷恋尺寸的理论，也许你会感兴趣。"

泰坦尼克号的故事发生在 1912 年，当时正是弗洛伊德的著作《梦的解析》影响广泛的时代，虽然大众对它褒贬不一，但是它的出现还是引起了大家极大的兴趣，毕竟每一个人都会做梦。《梦的解析》发表于 1900 年，被誉为精神分析第一名著。Rose 会读到弗洛伊德的书，这也间接表明，她已经从 19 世纪那种虚伪沉闷的传统中觉醒了。

梦是愿望的达成

弗洛伊德关于梦的最重要的观点就是：梦，是愿望的达成。

举个例子。有对家境殷实的姐妹，因为父母都去世了，姐姐结婚很早，还养育了两个孩子，姐姐就像母亲一样带着妹妹生活。虽然妹妹在姐姐这里感受到了母爱，但是也感受到了控制。有一天，家里来了个小伙子，他和妹妹走得很近，来往了几次以后，两人情投意合。但是，姐姐不同意，强行把这段关系给切断了。

妹妹再次见到这个小伙子，是在两年后。因为姐姐的一个孩子染病去世，在孩子的葬礼上，这个小伙子也出现了。他短暂地停留了一会，两人也没有说话，只是远远地看到了对方。当天晚上，妹妹就做了一个梦，而且在这之后还出现了很严重的抑郁状态。因为她梦见姐姐的另外一个孩子也死掉了，因此她非常的自责，毕竟姐姐待自己不薄。姐姐刚刚失去了一个孩子，自己怎么可以在梦中又诅咒她另外一个孩子死掉呢。所以，她就感到非常的内疚，内疚感导致了她的抑郁。

抑郁的本质，是精神上的攻击转向自身。当时，弗洛伊德的想法是妹妹会梦见姐姐孩子的死，可能隐含着对姐姐的某种愤怒。那么，妹妹对姐姐会有哪些不满和愤怒呢？姐姐像母亲一样把她拉扯大，还照顾她的饮食起居，平时也没有大的矛盾。因此，弗洛伊德想到，妹妹对姐姐的不满，是因为姐姐粗暴地干涉了妹妹的恋爱。精神分析的思考，总会在象征层面走得更深入一点。既然梦是愿望的达成。那么在梦中，姐姐的孩子死掉了，会满足妹妹的什么愿望？由此，弗洛伊德想到，因为妹妹已经有两年没见到自己的心上人了，只有在姐姐孩子的葬礼上才有机会见到。所以，弗洛伊德的解释是，如果再有一个孩子死了，心上人还会出现在葬礼上。见到心上人，才是她的愿望。

弗洛伊德说，梦是通往潜意识的捷径。我们同样也可以看到，潜意识的结构是如此巧妙。首先，它不顾人性的底线，为了达到目的，可以做任何事情，可以在梦中杀人，而目的只是为了见到心上人。其次，它奇巧地隐藏了真实目的，在梦中让姐姐另外一个孩子死掉，我们可能在表面上理解是她对姐姐的愤怒，但潜意识中最大的秘密——想见到心上人的愿望，却被遮掩了。

动力性的解释，有时候会让人瞬间修通。当这个梦的解释出来之后，妹妹内心中压抑了很久且不能被言说的秘密就得到释放，她的道德感一下就松绑了，所以她的症状也很快就好转了。精神分析的特点之一，就是把无意识的内容意识化。被压抑到无意识中的内容，在意识层面我们可能已经完全忘记了，但会通过光怪陆离的梦浮现出来。当梦的内容可以被觉察与解释的时候，症状也就没有存在的必要性了。

梦的 4 个运作机制

弗洛伊德认为，梦的运作有 4 个机制，分别是象征、置换、凝缩和次级修正。

象征，就是以具体的形象来代替抽象的情感。比如我们常常会说"大海啊，故乡。大海啊，母亲"，在梦中出现海水的这个具体的形象，有可能是代表对母亲的某种情感，有可能是渴望与拥抱，也可能是恐惧与吞没。在象征层面，它会有非常多不同的解读。这要根据个体的具体情况来说。

举个例子。有位女性说，梦见男朋友的脖子在做手术，结果把头给切掉了一半。她因此被吓醒了。那么，怎么理解这个梦，被切掉的头又象征什么东西？这位学员在课程上有谈及她与父亲的关系，一方面是对父亲很崇拜，一方面又反感父亲太权威。

我们知道，心是代表情感的部分，头常常就代表头脑、思维等，这就是象征化的理解。头被切开，在现实的意义上来说是斩首，在心理上的象征，要砍掉某些象征的东西。有很多人是只思考、讲道理，不讲情感的。梦中的头部是被切掉一半的，这也似乎是在说：不要过于理性，要多点情感。

梦中被切头的对象是个男性角色。那么，这可能有两种象征的解释。第一种是抱怨自己的男友或者父亲太过理性，缺少情感。第二种解释是，梦里的这个男性，是自己身上的男性气质部分。因此，梦中头被切掉的男性部分，很可能是她不想要那么多男性的部分，不希望自己变成女汉子，而希望自己的女性气质更多一些的愿望。由此可以看到，个人具体的情况不同，梦中象征的内容可能都是不一样的。这就要我们在理解自己的基础上，去觉察梦中的内容所象征的情感。

置换，就是把对某个人相关的情感转移安置到另一个人的身上。在梦中出现的人或动物，都很有可能是你自己的一个置换。

举个例子。有位女性对丈夫特别愤怒，但她的愤怒一直压抑在内心中。一开始我们都以为这是夫妻关系的问题，仔细了解才知道，原因是她的母亲跟着她住，而且丈夫对她的母亲特别好。在日常生活中，夫妻之间难免会出现有冲突的时候，但是因为丈夫对她母亲特别好，所以她没办法对丈夫表达不满。而且，也不是什么大的愤怒，可是长期积累下来，就让她特别压抑。我问她家里是否有兄弟姐妹，她说还有个妹妹，因为妹妹与母亲关系不好，所以她就让母亲跟着她住，这一跟就跟了十多年。于是，我对她说："你剥夺了你妹妹赡养妈妈的权利。"

当晚她就做了一个梦。她告诉我，梦中的施琪嘉坐在她的面前，然后对她说："我已经做了决定。"这个梦中的施琪嘉就是现实中的她，她把施琪嘉置换成了她自己，而梦中的那个她，其实是代表现实中的妹妹。所以，那句"我已经做了决定"其实是她对她妹妹说的话。

果不其然，半年以后我再见到她的时候，她说妈妈送到妹妹那去了，她跟妹妹商量过了，妹妹也同意轮流来赡养母亲。从此之后，她和丈夫终于过上了罕见的二人世界。

从这个例子可以看到，在梦中进行的人物替换，是经常出现的状态。我们可以简单地理解，置换就是不好意思以自己的身份出现，所以在梦中以别人的身份出现。

凝缩，就是显像的梦会以转化缩略的形式出现，梦的某些成分会被略去、压缩。梦中的内容、时空可能进行了转换，一下子在房间，一下子在机场，你记得这个场景，但是不知道怎么从房间到了机场的。就像电影《盗梦空间》里面的梦会有三层，一层嵌套着一层。有的梦还会构成一个情节，甚至像连续剧一样，今天的梦是昨天的梦的进展。这些都是梦的凝缩的功能，它只有一个目的，就是掩盖它真实的含义。

次级修正，也叫润饰。就是它让梦看起来像一个梦，好让自己能够接受。但是，实际上它是经过了一些加工、修正，使它不再是以前隐义的那个梦。次级修正的一个重要的特点，就是让人遗忘。因为你这个梦太一般了，太像一般意义的梦了，所以让我们很容易就给忘记掉。

梦的 4 种 "制作材料"

我们要对梦进行工作的时候，还要去考虑梦的 4 个"制作材料"。

第一，是生理刺激。比较常见的是梦见找厕所，常常是因为尿急膀胱胀了，你需要上厕所。这就是生理刺激导致的梦。

值得注意的是，如果你在中年的时候，忽然某天做了一个莫名其妙的梦的话，建议你去做个身体检查，有可能你的身体得了某种炎症、癌症，这也属于生理刺激，只是我们自己没有觉察到，但是你的身体可能会通过梦的方式告诉你。

我常常说的一个例子，是我的一位德国老师，他在 50 岁的时候，忽然某天梦见了他的父亲。他本来是准备全家出门去旅游的，马上取消了行程回去做了检查，结果发现肾脏出现了癌前病变。我们都很好奇，为什么他会取消旅游计划，立马去做检查。因为他的父亲在 50 岁的时候，就是因肾脏癌症去世的，而且是发现得比较晚。他已经有很多年没有梦见过父亲了，这个梦就是一个信息，他也敏锐地捕捉到了。

第二，是现实冲突。比如，你白天和某人大吵了一架，在晚上的梦里面可能就会出现相关的一些场景，打仗、打架，把对方干掉等。这可能是跟白天的现实冲突有关系。

第三，是内在冲突。我们常常会说，梦跟内在冲突关系更大。如果你一直是跟父母的关系有冲突，你可能在梦中梦见父母死掉。就好像上文的男朋友的头被切了一半的例子，代表这位女性内心的冲突，可能是渴望亲近，又讨厌对方过于理性的冲突；也可能是希望自己有更多女性气质，与生活中自己总是以女汉子形象出现的冲突。所以，内在的冲突常常会在梦中呈现。

第四，是集体无意识。有些梦是大家经常会做的集体的梦。比如说，被追赶、上升或下坠，考试找不到考场等，这都是大家共同会做的集体的梦。很有可能这是焦虑所导致的，每个人可能都会有焦虑的时候，焦虑时，我们常常会害怕失控。你可能在生活中有了压力，你害怕完成不了某个任务，然后你就梦见你下坠、被追赶等。当然，无论是什么样的梦，我们仍然要根据自己的情况来进行工作。

如果我们对梦进行工作的话，最好是对"新鲜梦"进行工作。如果你要对"新鲜梦"进行工作，最好是在做梦的当时，就把它记下来。记下来的时候，尽量让内容不损失。比如，你躺在床上，可以默念刚刚的梦一两遍，然后你才记下来。为什么呢？不知道大家有没有过这种体验，每当你醒来想要去记梦的时候，你又想要先去一下厕所，或者先穿衣服，找好纸笔开好电脑等。但是当你上完厕所回来以后，这个梦就好像怎么也想不起来了。因为，梦逃得很快，它会掩饰得很快，即便呈现在你面前，好像是一个潜意识的梦，但实际上梦已经有很多的损失了。所以，如果你想要记下你的梦的话，最好是在床边放好纸笔，在醒来的时候先默念刚才的梦，再马上记录下来。

创伤背后的成熟

弗洛伊德建立精神分析时是以创伤作为起点的。他认为创伤是不可避免的，因为每个人他都会面临分离，出生就是分离，创伤的原型就是出生。

分离，总会伴随创伤

我在参观法国精神病院的时候，发现他们对于重症精神病人有个治疗，是用某种装置把病人紧紧地包裹住，就类似于分娩的过程一样，让重症精神病人待在一个由子宫到分娩出来的状态之中，就是非常原始的状态。病人每天可以爬到这个装置里面去，会被紧紧地夹住待上半个小时，装置还可以调节温度。这是一个退行的状态，也是模拟一个分离的过程。在前面我提到了一个分离创伤的例子。就是有位男性做了一个梦，梦中的他在被分娩出来的时候被卡住了。对这个梦进行分析之后才发现，他早年是被母亲送到城里寄养长大，他总是在想是不是妈妈不要自己，是不是自己不够好。尽管他现在已经功成名就，但是他却无比羡慕在老家务农的弟弟，因为弟弟可以从小跟在妈妈身边。这个梦就反映了他希望重新被母亲分娩再出生一次，而且他还不愿意出来的愿望。

　　再举个例子。有位学员问，在孩子 5 岁的时候父亲去世了，她一直对孩子说父亲在国外出差，到了孩子 12 岁的时候，她觉得瞒不住孩子了，到底要不要告诉孩子父亲去世的事实？这位母亲可能是非常爱她的丈夫，也非常爱她的孩子，因此她独自承受着这份丧失，紧紧保守着这个秘密，也不让自己去发展新的亲密关系。我给她提了一个问题："你觉得到底是你的孩子不能接受父亲的去世，还是你不能接受丈夫的死亡？"不告诉孩子，看似为了保护儿子，同时也可能是她的创伤反应。每次对孩子说父亲在国外，也似乎是在对自己说，丈夫还没有死，他还有回来的那一天。通过这个例子可以看到，父母会觉得小孩子经不起创伤，反过来看可能是我们自己经不起创伤。

　　面对分离，我们都会产生分离焦虑，如果分离焦虑不能被处理，就可能会导致分离创伤。例如，有位男士去参加同事的父亲的葬礼，他回来后就出现了失眠。他先是去了神经科医生那开失眠药，但效果不好。后来又去看心理医生，因为他怀疑自己是不是心理有问题，他不能理解为什么只是参加一个关系一般的同事的父亲的葬礼，却会引起自己这么强烈的反应。当心理医生跟他讨论到他过去的丧失时，他突然想了起来，他父亲去世的时候，他没有参加父亲的葬礼。不仅有客观因素，也有他的母亲不容许他去的原因。因为他的父亲背叛了家庭，父亲这些年在家里是缺位的，甚至是不能被提起的。尽管如此，这个缺位的男人仍然是他的父亲，这个事实一直存在于他的内心。所以，当他去参加同事父亲的葬礼的时候，他过去丧父的分离创伤就被唤醒了，这是由分离焦虑导致的分离创伤。分离的极端情况就是丧失。也就是不仅分离了，而且还丧失了。

成长，总会伴随分离

很多人在给孩子断奶的时候，断得非常痛苦。给乳头涂抹辣椒水，不抱孩子，或是妈妈消失等。民间有很多这种以极端的方式来断奶的例子。我在本书前文《断奶，爱恨情仇的原初记忆》中也提到过，断奶，断的是乳汁，而不是让孩子觉得失去了母亲。我们开个玩笑说，有这种早年的创伤的人，他以后可能就当厨师去了，他会通过喂养别人来喂养自己那个创伤的内在小孩。因为在婴儿早期的原始意象中，乳房就是母亲。其实，食物不是问题，可以冲奶粉，到一定时候还可以添加辅食。关键是，母亲在不在。所以，如果有母亲陪伴的孩子，断奶就断得相对顺利。再比如上幼儿园。开学的第一天，幼儿园里面常常是哭声震天。有的孩子适应不了，每天都哭，最后还真就被接回去，不上幼儿园了。因为他感觉父母不要自己了，当他被送到一个陌生环境时，他很难适应。有的孩子很快就适应，有的孩子过了一段时间就适应了。另外一种情况是弟弟妹妹的出生，可能也会让孩子感觉到被抛弃、被疏远、被贬低。有的父母对孩子说："你要对弟弟好，不然的话我就不要你了。"这在现实中就发生过，因为弟弟的出生，妈妈照顾不来，爸爸又忙工作，所以姐姐就被送去给老人带，这个姐姐的感觉就是，家里来了一个自己无法战胜的竞争者，这也会导致她出现分离的创伤。

有的人在成年后，也特别难以耐受分离，到哪去都要有人陪着，上厕所要找个伴一起，去外地工作、旅游也一定要有人陪才行，也就是他没有独自出门的习惯，甚至没有独自出门的能力。如果这种人谈恋爱分手了会完全接受不了。因此，有的人失恋就是寻死觅活的，一定要女朋友回心转意，或者是千方百计地想要挽回男朋友。曾经有对大学的情侣，男孩提出想要分手，女孩就在男生宿舍门口连续待了几天几夜，堵她男朋友，逼问他："你为什么不要我了？你是不是有了其他人？"而且还反复地自杀。可以看到，这个女孩对分离有特别强烈的反应。

有了创伤怎么办？前面提过一个观点，遭遇创伤性的事件不一定会导致创伤性的结果。我们的成长过程会经历各种分离，生老病死是我们躲不掉的创伤性事件，所以我们都得面对。出生、断奶、上幼儿园等，这些都是分离。从这个角度来说，不存在没有经历创伤的人。因为，没有创伤，我们就没有办法成熟。这些正常的创伤，是我们每个人都会经历的。

从创伤走向成熟的三个能力

那么，面对创伤，我们要知道有些什么样的能力，能够帮助我们从创伤走向成熟。

第一，是耐受孤独的能力。

在每个人的人生道路上，有一个很重要的议题是你有没有能力去耐受孤独。也许，我们的身边会有很多的朋友，经常可以推杯换盏、牌九麻将。但是，你有没有能力可以一个人独处？

人，有两个方向，一个方向是朝外，我们在成长过程中一直在朝外，从幼儿园到大学，会接触不同的同学与老师，会接触书本的知识与社会的经验。是否具有耐受孤独的能力，就是朝内的方向。就像有的人会突然放下对外的探索，转而对自己的内心感兴趣：我从哪儿来？我到哪儿去？我是谁？独处，也有几种独处的方式。比如说，可以周围没有人，你能够通过书本，与千百年以前的先贤对话；你可以有很多想法在内心中流动，与自己对话，在自己的内心中与自然宇宙交融；甚至你的内心中没有什么想法，只是静坐放空，你也觉得很舒服。只有能够耐受孤独，才能享受孤独。

这就是当我们产生挫折感后的一个非常重要的内在资源。当我们在遇到事情碰到挫折的时候，我们自己就能够去疗愈自己。耐受孤独的能力，不是独自舔舐伤口，而是让自己有一个形成新的对世界、对人际关系的看法的阶段。

第二，是去理想化的能力。

去理想化的能力，就是放下所谓的自尊。因为我们的自尊有时候可能是自大，我们也要放下理想化的自己。年轻的时候，我们有特别多的幻想。我最近看到的一个段子，儿子问父亲，是不是故意地装穷给他看，想要他"劳其筋骨苦其心志"，其实家里有万贯家产，自己就是个富二代。父亲听了后哭丧着脸说："我也在等我的爸爸对我说这些。"

这个段子说明了什么？说明孩子在小的时候，就有一些理想化、不现实的东西。当然，我们一方面需要有特别多的幻想、理想，想象自己以后会成为什么人。另外一方面，在接触社会中，我们也要脚踏实地地学习、工作、实践。增加自己的去理想化的能力，放下自大的自我。放下自己所谓的自尊，也就是放下自己的自恋，也意味着自己具备了认识真实的自己的能力，也就意味着，自己也具备了耐受挫折的能力。

第三，是找到价值感的能力。

要找到价值感，就要能够正确处理自己的羞耻感和内疚感。在我们的生活中，存在着一种耻感文化，比如我们经常会听到说：你要不要脸，你丢不丢人，我的脸都被你给丢掉了。在这种文化下长大的孩子，总觉得自己做得不够好，自己做得不对，自己对不起家人。这个感受与认知是需要我们去修正的。等你在真正参与社会实践时，也许你会发现自己没有那么差，你做的事情也没有那么丢人。

举个例子，有位女性在上幼儿园时出现了夹腿的行为。幼儿园的阿姨就告诉她的父母，父母的面子挂不住，觉得非常羞耻，经常斥责她。一方面，她在生理上觉得很兴奋，另外一方面又觉得很羞愧，这就严重地影响到她以后的性心理，她总是处于一种矛盾的状态，觉得性是非常肮脏的事情，同时又有非常多的生理的欲望。她一方面不允许自己去想，一方面又控制不住地去想，这又让她产生了内疚感。于是，这导致了她出现非常多的强迫行为和心身反应，变成了一种心理创伤，而这份创伤就是由很强的羞耻感和内疚感所导致的。羞耻与内疚，会让我们完全丧失自我价值。

如果我们失去了自我的价值，个体就会变成一个极度自卑的利他主义者，拼命为别人做事情。就像有的孩子说："我的妈妈，不是我的妈妈，她更像是我舅舅孩子的妈妈。"这个妈妈为什么会这样呢？因为她的父母不待见她，老是说她这不好那不好，她为了表现自己的好，为了在父母那里得到认可，她可能会因此疏远和贬低自己的孩子，而对娘家的孩子好得不得了。她也会变成一个"扶弟魔"，把小家庭的钱都拿去补贴娘家，这也导致她与丈夫的婚姻出现问题。这就是典型的没有处理好自己的内疚感和羞耻感所引发的一系列问题。所以，找到自我的价值感，才能真正地找到成熟的亲密关系。

我们说过，不被言说的创伤会被传递。有时候，我们的创伤是由家族传递的。一个孩子表现得特别抑郁，总有一些奇奇怪怪的想法，又没有什么特别的原因，可能就要去了解一下家族史。所以，我们都要有意识地去了解自己的父母亲，他们来自什么样的家庭，他们是怎么结合的，他们的亲密关系怎么样，他们有过什么样的故事？了解一下父母的成长经历，甚至是祖辈的故事，可能你对自己的存在感就有一种链接和感受到不同的意义。也许你也会发现，你对自己的创伤的来源，会多一分理解，也多一分从创伤中走出来的可能。